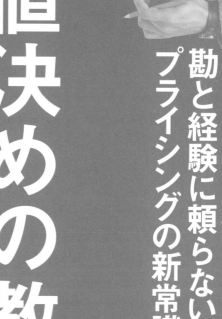

値決めの教科書

勘と経験に頼らない
プライシングの新常識

プライシングスタジオ
代表取締役 CEO

高橋 嘉尋

日経BP

はじめに

プライシングがNice to haveからMust haveな時代へ

　ここ20～30年の間、日本は価格競争の国でした。2012年には「あなたの企業は過度の価格競争に直面しているか」という問いに対して、「はい」と答えた日本企業は84％にも上り、グローバル平均の46％を大きく上回ったという調査結果も出ています。企業努力でのコスト削減による低価格化。エブリデイ・ロープライス（EDLP）などに代表される低価格戦略。それを優位性にして競争をしてきたのです。

　低価格競争大国の日本にも、2020年から2021年にかけてプライシングを見直す機会が訪れます。それは、COVID-19（新型コロナウイルス）の影響によるものです。COVID-19によって、経済の世界的停滞、外出の制限・自粛、リモートワークの推進などの事象が発生し、消費者の価値観・行動様式が変化しました。そして上記の事象を背景に、多くの領域で消費が減退傾向になったのです。事業の売り上げは、「価格×数量」によって決まることを踏まえると、上記の事象は「数量の減退」にほかならず、「価格」を改善することが売り上げ改善のソリューションであることが認識され、社会的にプライシングへの関心が高まりました。

　2022年は、それに追い討ちをかけるように、原材料価格の高騰やロシアによるウクライナ侵攻、急速な円安など様々な要因が絡み合い、記録的な値上げの1年となりました。実際、「上場する主要飲食料品メーカー105社における、2022年の価格改定品目数は、最終的に2万822品目、値上げ率は平均 14％という結果となり、バブル崩壊以降の過去30年間でも類を見ない『記録的な値上げラッシュ』となった」ようです。2023年もこの状況は続きます。2023年の値上げ品目数は2022年11月末時点で累計4425品目に上り、早くも4000品目を超えたといいます。これまで低価格

路線を貫いてきた企業たちが、生き残りをかけ、続々と値上げに踏み切っているのです。まさにプライシングがNice to have（あるといい）からMust have（なくてはならない）になった時代といえます。

　そんな、企業にとっても消費者にとっても、価格に対する常識が変わった今が、プライシングの変革に取り組む絶好の機会です。しかし、16.4％の企業が値上げしたいが、できていないというデータ[※3]もあるように、大多数の企業に、急に価格を変えることへの不安や抵抗があるのではないでしょうか。本書は、この絶好の機会に、1社でも多くの企業の値上げや、プライシングの変革への後押しとなってほしいという思いから、執筆するに至ったものです。

　プライシングは、非常に奥が深い分野です。世界中で数多くのプライシング戦略、調査・分析手法、テクニックなどが研究され、多くの専門書で網羅的に解説されています。たしかに、それらの知識を網羅的に学ぶことができる本は非常に有用だと思います。しかし、それらの知識を「実務の現場でどう活用し、どう実践すればいいのか」について書いている本は、ほとんどありません。誰が、どれくらいのスケジュールで、具体的にどんな業務をすればいいのか、といったことについては触れられていないのです。私はプライシングの実務家として、そんな数多くの専門知識を、本書で1つでも多く紹介したいという思いがあるのも事実です。しかし、プライシングの実務家である私に、そんな本は求められていない。専門知識を詳しく解説するのは研究者の仕事でしょう。むしろ、それらの知識を「実務の現場でどう活用し、どう実践すればいいのか」といった内容にフォーカスした、まだ国内にはないプライシングの実用書が求められていると思います。そのため、あえて知識の羅列は避け、最低限知る必要のあるものだけを厳選して、本書を作成しました。

本書は、プライシングに関わる・興味があるビジネスマンが一番最初に読む本を意識しています。そして、実務の現場で役に立つ知識だけを凝縮し、1つのストーリーとして書き上げました。この実務の現場で役に立つ知識は、私が経営する企業の価格決定・プライシングを支援をするプライシングスタジオ株式会社が、これまで30以上の業界、100以上のサービスに対して行ってきた数々のプロジェクトを通じて得られた成功体験、中にはもっとこうしたらよかったのではないかという反省点に基づく生きた実践知です。それをふんだんに盛り込みました。

　本書は以下の大枠で進めます。

第1部　プライシングの前提
第1章：プライシングの必要性……歴史、重要性
第2章：前提知識……価格を決めている要素、支払い意欲、一物一価と一物多価

第2部　プライシングの実践
第3章：プライシングの全体像……大まかな流れ、スケジュール、担当者、ダイナミックプライシング
第4章：調査……調査設計、価格体系一覧
第5章：分析……分析手法、意思決定
第6章：実行……PR、その他実行の論点

第3部　プライシングの内製化
第7章：組織的な能力開発……組織の構築、人材育成、プライシングツール

　おまけ　プライシングの調査・分析手法
　第8章：調 査 手 法 ⋯⋯PSM 分 析、CVM 分析、ab テ ス ト、EVC
　　　　Analysis

　前述の通り、本書は「プライシングに関わる・興味があるビジネスマンが一番最初に読む本」と位置付けています。つまり、プライシングを実行するために、必要最低限な情報でありつつも、なるべくプライシングの実行における全体像を分かりやすく理解できるような構成にしています。

　第1章では、プライシングの歴史を通してプライシングの必要性を説明しています。
　それに続く、第2~3章では、プライシング実行プロセスの概要を説明することで、まず全体像を理解することができます。さらに、第4~6章で、プライシング実行のプロセスごとに詳しく説明します。ただし、プライシング調査の手法については、第8章で詳細を説明します。そして、第7章で、プライシングを継続的に実施するために必要な組織構築について説明します。

　プライシングの実行の概要を理解したい人は、第2章および第3章をお読みください。全体像を理解することができます。プライシングを実行する上で、詳細な内容を把握したい人は、第4章から第6章におけるプロセスごとの説明をご参照下さい。また、プライシングの調査手法（PSM分析やCVM分析、EVC Analysisなど）を知りたい人は第8章をご覧ください。そして、プライシングの実務ではなく、継続的なプライシング力の向上に意識が向いている方は、第7章をお読みください。

繰り返しになりますが、本書はプライシングの先進的な知識や情報を盛り込むのではなく、あくまで実用書として必要な情報を、実際に弊社が結果を出した経験を基にまとめたものです。本書を読み終える頃には、プライシングとは何か、また実務的にどのような業務が発生し、それにどのように対応していけばいいのかを理解していることを目指しています。

　プライシングがNice to haveからMust haveの時代になった今、本書が1人でも多くの方に届き、プライシングが議論され、ひいては多くの日本企業の価格決定力向上の一端を担うことを願っています。

脚注

※1　週刊東洋経済2012年5月19日号：独サイモンクチャーが行った調査
※2　株式会社帝国データバンク 情報統括部［2022］『特別企画：「食品主要105社」価格改定動向調査—2022年動向・23年見通し』株式会社帝国データバンク
※3　株式会社帝国データバンク 情報統括部［2022］『止まらない！値上げ実施済・予定企業は64.7％に！！〜ロシアのウクライナ侵攻で原材料価格の高騰が加速、6社に1社は値上げできず〜』株式会社帝国データバンク

第 **1** 章

プライシングの必要性

「はじめに」でも触れましたが、これまで日本は価格競争の国でした。では、そもそも日本はなぜ価格競争をしてきたのでしょうか、第1章では「プライシングの必要性」と題し、プライシングを取り巻く歴史と現状をひもとき、プライシングの必要性について考えていきます。

プライシングの歴史

高くても売れた時代

　図1-1は日本企業の売上高営業利益率の長期推移です。これを見ると、製造業は1973年以前、売上高営業利益率で平均7%を維持していました。1955年〜73年までの18年間、日本は高度経済成長と呼ばれる時代にあり、「神武景気」や「数量景気」「岩戸景気」「オリンピック景気」「いざなぎ景気」と呼ばれる好景気が立て続けに発生しました。1960〜73年は、技術革新の影響もあり、高くても売れた時代でした。しかし1973年のオイルショックをきっかけに、企業の利益率は一転して大きく低下することになります。ところが、その後、日本はバブル経済を迎え、世の中は太っ腹な支出傾向となり、企業はそれほど低価格化を進める必要がなくなりました。[※4]

低価格競争のはじまり

　1989年に初めて消費税が導入され、1991年にはバブル経済が崩壊したことで、企業の利益率は低下することになります。景気低迷により、企業は高く売ることが難しくなり、徐々に価格は下がっていくことになりました。企業努力によって、徐々に利益率は持ち直していくものの、1997年の消費税増税によって、またしても企業の利益率は落ち込みます。一方で低価格化はさらに進んでいきました。

　2000年から2007年ごろまでは、価格是正の動きもあったようですが、

図1-1 **日本企業の売上高営業利益率の長期推移と価格**

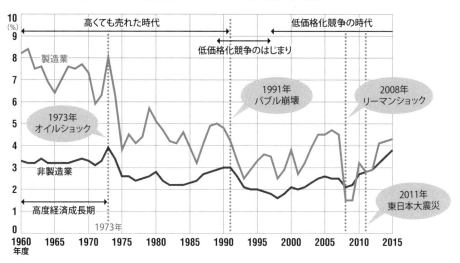

2008年にリーマン・ショックが世界経済を襲い、日本も極度の不景気に陥りました。これを契機に低価格競争が一層激化することになります。企業の利益率は1%台まで落ち込むことになりました。続く2011年には東日本大震災が起こります。「はじめに」で触れた、日本企業が価格競争に直面している自覚があるかどうかの調査が行われたのは2012年なので、ちょうどどこの頃です。

Withコロナと歴史的な値上げラッシュ

2020年、COVID-19（新型コロナウイルス）が世界で猛威をふるいます。COVID-19の影響で、多くのビジネスで来店制限・時短営業などを強いられたのは記憶に新しいのではないでしょうか。「はじめに」でも少し触れましたが、2020〜21年の間、プライシングを見直すことへの関心が高まりました。来店制限・時短営業などにより、販売数量にキャパシ

ティー（上限）が生まれたためです。事業の売り上げは「価格×数量」で決まりますが、COVID-19により「数量」が制限されることになり、「価格」を上げる以外に売り上げを改善する手段がなくなりました。そのため、プライシングを見直すこと、特に価格を上げることへの関心が高まったのです。

さらに2022年は、それに追い討ちをかけるようにして、原材料価格の高騰やロシアによるウクライナ侵攻、急速な円安など様々な要因が絡み合い、記録的な値上げの1年となりました。2022年の価格改定品目数は 2万822品目、値上げ率の平均が 14％と「記録的な値上げラッシュ」となったことは「はじめに」でも触れた通りです（**図1-2**）。これらが利益に与える影響は大きく、企業にとって、プライシングは生き残りをかけたMust haveな存在となったのです。

図1-2 **2022-23年の食品値上げ品目数／月別**

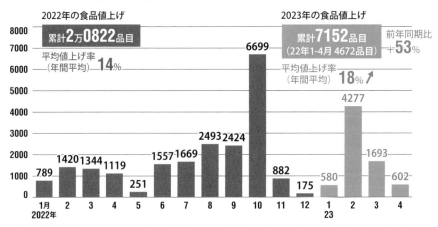

出典：株式会社帝国データバンク　情報統括部［2022］『特別企画：「食品主要 105 社」価格改定動向調査—2022 年動向・23 年見通し』株式会社帝国データバンク

　こうした歴史的な流れの中で、我々は現在、分岐点に立っていると思います。つまり、原材料高騰などによる値上げラッシュのトレンドが落ち着いたときに、また以前の低価格競争に戻るのか、もしくは戻らないのかという分岐点です。日本はこれまで価格競争をしてきたとはいえ、ここ20年の間にも価格が上がったり、物価を是正しようとしたりといった動きはありました。例えば東日本大震災の際も。需要に対して供給が間に合わず、物価が一時的に高騰しました。

　私は、高く売ることが正義ということを言いたいわけでは決してありません。そうではなく、提供している商品・サービスの価値を1%でも高く価格に反映することが重要であると考えています。後述しますが、この1%が利益に大きな影響を与えるのです。それぞれの企業が、値上げラッシュのトレンドをきっかけに、プライシングの重要性を理解し、提供している商品・サービスの価値をしっかり価格に転換することを追求する。それが価格競争の時代を終わらせるために重要であると考えています。本書を通じて、この低価格競争の歴史に一石を投じられればと思います。

事例紹介① : Netflix（ネットフリックス）のプライシング

　プライシングを武器に成長を続ける企業は確実に存在しています。ここでは、そんな1社であるNetflix（ネットフリックス）が2021年2月に実施した値上げについて紹介したいと思います。

　ネットフリックスは当時、ベーシックプランの月額料金を従来の880円から990円に、スタンダードプランの月額料金を従来の1320円から1490円に、それぞれ値上げしました。一方、プレミアムプランについては1980円の価格を維持しました。

私は、なぜこの金額へ値上げを行ったのか、その根拠を明らかにするべく、ネットフリックスのユーザーに対し、アンケート調査とその分析を実施しました。結果として、この金額設定の秀逸さに驚愕することとなりました。調査で実施した手法については第3章以降で順に解説しようと思います。

　＜アンケート調査の概要＞
　アンケート対象：実際にお金を支払って利用しているネットフリックスユーザー
　アンケート実施期間：2021/02/06〜07
　サンプル数：106件
　調査内容：現行のプランの月額料金に対する支払い意欲、顧客属性情報（性別、年齢、居住人数、オリジナル作品の視聴有無、月間視聴時間、視聴デバイスなど）

　私は、上記のデータを用いてシミュレーションを行い、料金プランごとに、料金がいくらで何％の顧客が増減するのかを可視化しました。すると、今回の値上げでは、いずれのプランにおいても、ユーザー数を維持できる範囲内で売り上げを最大にできる価格を選択していたことが分かったのです。図1-3はベーシックプランの価格を100円単位で変更した際に、顧客数および売り上げがどれだけ変わるのかを可視化したシミュレーションです。

　このシミュレーションを見ると、ベーシックプランでは、値上げ前の価格（880円）から、値上げ後の価格（990円）に変更したとしても、解約するユーザーは全体の2％と、ユーザー数に大きな影響を与えずに値上げを実現することが可能だと分かります。また、値上げによる売り上げの増

図1-3 **Netflixの価格変更シミュレーション（ベーシックプラン）**

	価格	顧客数推計 （現行価格対比）	売上推計 （現行価格対比）
	690 円	＋ 2%	80%
	790 円	± 0%	90%
値上げ前価格	880 円	± 0%	± 0%
値上げ後価格	990 円	－ 2%	＋ 10%
	1,090 円	－ 12%	＋ 8%
	1,190 円	－ 12%	＋ 18%
	1,290 円	－ 16%	＋ 22%
	1,390 円	－ 16%	＋ 31%
	1,490 円	－ 16%	＋ 40%

注: Pricing Sprintのシミュレーション機能を用いて作成

図1-4 **Netflixの価格変更シミュレーション（スタンダードプラン）**

	価格	顧客数推計 （現行価格対比）	売上推計 （現行価格対比）
	1,190 円	＋ 4%	－ 6%
	1,290 円	± 0%	－ 2%
値上げ前価格	1,320 円	± 0%	± 0%
	1,390 円	± 0%	＋ 5%
値上げ後価格	1,490 円	－ 3%	＋ 10%
	1,590 円	－ 14%	－ 1%
	1,690 円	－ 14%	＋ 5%
	1,790 円	－ 14%	＋ 11%
	1,890 円	－ 19%	＋ 11%

注: Pricing Sprintのシミュレーション機能を用いて作成

加は10%と試算できました。さらに100円上げた1090円になると、12%が解約していたと予測できます。

　スタンダードプランでも同様のシミュレーションを作成しました（**図1-4**）。値上げ後価格である1490円の場合、解約するユーザー数は全体の3%と、ベーシックプランと同じく、ほとんどのユーザーが解約することなく値上げを実現することが可能です。こちらも値上げによる売り上げの増加は10%にのぼります。もし、もう100円上げた1590円にしていたら、14%が解約していたことになります。

　一方、プレミアムプランでは月額1,980円のまま価格を据え置きました。これに関しては、図1-5を見ると、少しでも値上げをしてしまうと（たった20円の値上げでも）、12%のユーザーで離脱やプランのダウングレードが起こることが分かります。そのためプレミアムプランについては、値上げをしなかったというより、値上げ余地がなかったといえるでしょう。
　ネットフリックス（Netflix）は2020年9月時点で日本での有料会員数が500万人を突破していました。仮にベーシック、スタンダード、プレミ

図1-5　**Netflixの価格変更シミュレーション（プレミアムプラン）**

価格	顧客数推計 （現行価格対比）	売上推計 （現行価格対比）
1,960 円	＋ 0%	－ 1%
1,970 円	± 0%	－ 1%
1,980 円	± 0%	± 0%
1,990 円	± 0%	＋ 1%
2,000 円	－ 11%	－ 12%

アムの3つのプランの有料会員数が同じだとして、解約件数なども考慮すると、ベーシックプランでは1.78億円、スタンダードプランでは2.78億円の増収となり、月間の売上高は合計で4.56億円増えたことになります。仮に、値上げをするだけではランニングコストが増加しないとすると、年間54.7億円を利益に転換することができます。ほんの少しの値上げでこれだけの利益の増加を達成できるのです。これだけでもプライシングのすごさを十分に感じられるのではないでしょうか。

恐らく実際は松竹梅効果[※5]などの影響で、スタンダードプランの会員数が最も多く、次にベーシックプランが多いのだろうと思います。その場合、値上げの対象となる顧客はさらに多くなりますので、上記の試算以上に売り上げが増えることになります。

プライシングのアップサイドは大きい

私はプライシングのアップサイドの大きさにとてつもない可能性を感じています。というのも、プライシングは利益に直接影響する要素でありながら、これまであまり科学としての分析や投資がされてこなかった分野だからです。

当然ですが、利益は「価格」×「販売数」-「コスト」で決まります（**図1-6**）。つまり、価格は利益の因数の1つであり、価格を変えるという行為、すなわちプライシングは利益に直接影響するといえます。もちろん販売数を増やしたり、コストを削減したりする施策も利益に直接影響します。しかし、この2つと違い、価格に関してはほとんど投資されていないのです。

例えば、図1-7をみると販売数に関しては、以前から積極的に投資されているといえます。1985年から日本の広告費は、GDP比1.05～1.30％

図1-6　価格は利益の因数の一つ

であり、業界によって異なりますが、売り上げ構成比の1〜20％が販促費として投資されています。また、販売数を取り巻く領域の開拓状況は非常に成熟しているといえます。企業内に販売数の増加を目標に掲げる営業、マーケティングなど専門の部門は当たり前のように存在していますし、外部にも広告代理店やPR会社、営業代行会社、Salestech[※6]、Adtech[※7]など、顧客数増加のための事業が数多く存在しているからです。

　コストに関しても、以前から積極的に投資されているといえるでしょう。バブル崩壊以降、固定費削減は積極的に行われており、利益に対する改善効果は年々下がってきていますし、コストを取り巻く領域の成熟度もかなり高く、企業内では、経営企画、コーポレート関連部門を中心にコスト見直しを行う文化があるのは今や当たり前です。また、外部サービスとしてコストカット専門のコンサルティング会社や、コスト削減サービスが数多く存在しています。

　一方で、価格に投資している企業はごくわずかです。45％の経営者が収益性の向上を経営課題として上げる中、約7割の創業者や経営陣はプライシングに関与している時間が年間で10時間以下といわれています。価格を取り巻く領域は未成熟といっても過言ではありません。国内では、プライシング（価格決定）部門がある企業はごく少数です。読者の皆様もプライシング部門がある企業を思い浮かべてほしいと思います。全く思いつかないか、あったとしても1〜2社ではないでしょうか。外部支援企業も

図1-7 **利益に関する因数の中で
価格は、未成熟で大きな伸びしろが存在**

	価格	販売数	コスト
企業の改善投資状況	現在投資されていない 45％の経営者が収益性の向上を経営課題として上げる中、創業者や経営陣の約7割がプライシングに仕えている時間は年間で10時間以下	**以前から投資されている** 1985年から総広告対GDPは1.05-1.30で、以前から投資されている。 業界によって異なるが、売上構成比の1~20％が販促費として投資されている	**以前から投資されている** バブル崩壊以降、固定費削減は積極的に行われており、利益に対する改善効果が下がってきている
領域の開拓状況	未成熟 国内では、プライシング部門がある企業は、ごく少数で外部支援企業も乏しい状況。 欧米では、多くの企業にプライシング部門が存在、プライシング支援企業は多数存在	**成熟済** 企業内に営業、マーケティングなど専門の部門が存在。 外部に広告代理店、PR、営業代行、Salestech、Adtechなど顧客数増加のための事業の多数存在	**成熟済** 企業内では、経営企画、コーポレート関連部門を中心にコスト見直しを行う文化が成熟。外部サービスとしては専門のコストカットコンサル、コスト削減サービスが存在

乏しい状況です。実際、私が経営するプライシングの外部支援企業である
プライシングスタジオは、稀有（けう）な存在としてメディアなどで紹介されることも少なくありません。これは、由々しき事態であると私は思っています。このような状況の国内に比べ、欧米では多くの企業にプライシング部門があり、プライシング支援企業も多数存在しています。

　このように、3つの利益の因数のうちの2つ（販売数・コスト）には積極的に投資がされており、成熟してきている一方、もう1つの「価格」には投資がされておらず、伸びしろが大いにあります。これが「価格」のアップサイドの大きさに可能性を感じているゆえんです。

　さらに「価格」の利益に対する改善効果は、販売数・コストと比べ最も

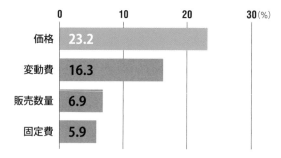

図1-8 **各項目を1%改善した場合の改善効果**[8]

項目	改善効果(%)
価格	23.2
変動費	16.3
販売数量	6.9
固定費	5.9

高いのです。最近よく見る整理ですが、図1-8はマッキンゼー社が東証一部上場企業の損益構造の平均値に基づくシミュレーションをした結果です。[8]ここから、価格が1%改善すると、営業利益は23.2%も向上することが分かります。これは、販売数を1%増やした場合や、固定費や変動費といったコストを1%削減した際の利益改善効果を上回る数字です。伸びしろの大きさに加え、利益の改善効果から見ても、「価格」すなわちプライシングが、企業が最も優先して投資するべき熱い領域になる日も近いといえるのではないでしょうか。

「値上げ＝悪」ではない

ここまでプライシング、特に値上げのメリット、つまり値上げは良いことであるとの論を展開してきました。では値上げは、良いことだらけなのでしょうか。悪い側面はないのでしょうか。値上げに対して、SNSで揶揄（やゆ）する大衆、謝罪する企業、反対する小売企業が登場することもあります。これらは全て、値上げを悪いことと捉えたための行動だと思われます。一方「もっと高く売れますよ！」と断言する経営アドバイザーや

コンサルタント、値上げを推奨する株主も少なくないでしょう。この場合、値上げは悪いことではなく、良いことと捉えられているように思えます。

　これらは、価格が変わることにより顧客の利益と企業の利益がトレードオフになるという構造から起こる現象であると考えています。価格が上がれば、企業の取り分は増え、顧客の支出が増える。価格が下がれば企業の取り分は減り、顧客の支出が減る。そのため、顧客は価格に敏感になりますし、企業は値上げをする際、強気な姿勢を取りづらくなります。上記のような消費者や企業の行動はそうして生まれるのではないでしょうか。

　しかしこれは短期目線での話だと私は考えます。たった数パーセントの値上げが、利益では数十パーセントに相当するということは前述の通りです。長期目線で考えると、値上げにより得られた利益は、より良いサービスにするために使われるはずです。これは結果的に値上げが顧客のメリットにつながるといえます。もちろん、企業の資金使途は様々かもしれませんが、生き残りをかけた企業にとって他社との差別化や顧客満足度の向上は至上命題であり、それには資金が必要です。企業は利益なくして、良いサービスは作れないのです。

　ある知人が私にこう言いました。「前職のコンサルタント時代、私が関わっていた化粧ブラシの価格を2500円から8000円に変えた途端、売れるようになりました」。また、ある同僚は「前職で立ち上げたBtoBサービスの値段を年額240万円から3倍の720万円にして、やっと売れるようになりました」と教えてくれました。両者の経験した現象は、共に同様の理由で起きています。例えば後者は、年間数億〜数十億円の予算配分を最適化するサービスに関する話なのですが、この規模の予算を決めるサービスが200万円余りだと、安くて品質に不安を感じる顧客が多かったようです。

一般的に、価格と需要量は反比例し、価格が高くなるにつれ需要は減っていくと考えられています。しかし、その法則が通用しない場合があります。経験則（例えば、普段より価格が高い電子レンジを購入したら、普通は2年で壊れてしまうところ4年壊れなかったというような経験）により、価格が高いと品質が良いと考え、逆に低価格だと品質への懸念を抱くというように、価格が消費者にとって商品の品質を評価する基準になることで、このような価格と需要量が反比例する現象が起こります。そのため、価格を上げた方が安く販売しているときよりも販売数が増える可能性もあるのです。

　これらの話をすると、私が値上げや安く売らないことを推奨しているように感じるかもしれません。しかし、必ずしも高く売ることを推奨しているわけではありません。世の中にあるすべてのサービスが高価格で販売できるわけではないですし、牛丼チェーンのような安くて質の良いサービスも必要だと考えています。

　私が申し上げたいのは、高く売るのが正義ということではなく、提供している商品・サービスの価値をしっかり価格へ転換するのが重要であるということです。それができていない企業がとても多いのです。

　プライシングによるマネタイズを1％でも改善することができれば、利益では数十パーセントの改善に直結するのですから、その1％の改善に全力で取り組むべきであるというのが私の主張です。100円のものを1％値上げしても1円ですが、その1円を追求すればよいということです。その1％が非常に大きいのですから。

　ちなみに、ここで「値上げ」ではなく「プライシングによるマネタイズ」と書いたのは、単純な値上げ以外の方法でも「商品・サービスの価値の価格への転換」を実現できるからです。これについては次章以降で解説しま

す。

第 1 章 の ま と め

1. 高度経済成長期の後の低価格競争を経て、Withコロナなどを背景に値上げラッシュが発生

2. ゆえに、価格に注目が集まっているが、日本にはプライシングが浸透していなかった。 実際、利益の因数である、販売数、コスト、価格のうち、日本において最も投資されておらず、成長余地が比較的多く残っているのは「価格」である

3. また、価格はコストや販売数に比べ、利益に対する改善効果が最も高い

4. 他方、欧米では多くの企業にプライシング部門が存在している。 例えば、ネットフリックスはプライシングを武器に継続的な成長を実現している。

5. 国内でプライシングが浸透していなかった理由の1つに「値上げ＝悪」という風潮があったが、実際には価格を上げた方が安く販売するときより販売数量が増えることもある

脚注

※4 上田 隆穂［2021］『利益を最大化する 価格決定戦略』明日香出版社。
※5 松竹梅効果：段階の違う3つの選択肢があるとき、真ん中を選ぼうとする心理効果
※6 Salestech：営業活動を効率化し、生産性を高めるシステム・ツール
※7 Ad tech：広告配信の効率を上げるためのシステム・ツール
※8 山梨 広一／菅原 章［2005］『マッキンゼープライシング』ダイヤモンド社

第 **2** 章

前提知識

この章では、そもそも価格はどうやって決まるのか、何を基に価格を考えていけばいいのか、どうすれば収益が最大化するかなど、実行プロセスを詳しく知るにあたり最低限必要となる前提知識の解説を行います。

価格を決めている3つの要素

価格は「コスト」「競合価格」「価値」の3つの要素から決まっています。この3つの要素のどれにウエイトを置いているのかは企業によって異なりますが、原則この3つのどれかが起点となって商品・サービスの値段は決まっています。例えば、コスト（原価）に対して、利益を上乗せして価格を設定する、俗にコスト（原価）ベースプライシングや、マークアップ価格設定と呼ばれている手法は、「コスト」を起点として価格が決められています。他社の価格よりX％安く販売しようといった、競合他社の価格をベンチマークとして、独自の商品・サービスに対しての価格を設定する方法をとる企業も多いですが、この場合は「競合価格」を起点として価格が決められているといえます。

ここで誤解をしてほしくないので、あえてお話ししますが、コスト起点だからといって、競合価格や価値は考えなくていいということではありません。どれが起点になっても、その他の2つの要素についても考える必要があり、あくまでもそれらのウエイトが変わっているだけとご理解ください。例えば、iPhoneの場合、他のスマートフォンと比べて高価格帯に位置していますが、コストも考慮して高い利益率は出しつつも、ブランディングによって顧客価値を高めており、それが高価格帯につながっているといえます。これは、価値が起点になりつつも、コストや競合価格も加味しているといえますよね。

本書で重点的に紹介する手法は、上記3つの中でも特に「価値」を起点

とした手法です。俗にバリューベースプライシングといわれたりします。バリューベースプライシングは、顧客が商品・サービスに対して知覚している価値を起点に価格を決めます。そのため、顧客の知覚価値が高ければ、仮に原価率が低くても、競合価格より高くても、知覚価値の範囲内で価格を上げることができ、なおかつ顧客の納得も得ることができるのです。言い換えると、原材料高騰や競合の値下げなど、外部環境の変化による影響を受けづらく、プライシングの自由度が増すということです。提供している商品・サービスの価値をしっかり価格へ転換することが重要であると前述しましたが、それを実現する手法がまさにこのバリューベースプライシングなのです。

　また、バリューベースプライシングの重要性は既に海外で証明されており、世界各国の主要企業300社（幅広い業種で、半数は売上高10億ドル以上の企業）のうち、プライシングの組織能力が高くない競合企業と比べて5％ポイント以上高い利益率を実現している企業の共通点として、価値ベースで定義された顧客セグメントごとにプライシングの戦略（バリューベースプライシング）を実行しているという調査結果[※9]があります。

　余談ですが、第1章で紹介したネットフリックスの値上げを考察するにあたって実施した調査・分析は、バリューベースプライシングを実現するための手法です。これは第3章以降でじっくり解説します。

事例紹介② : コカ・コーラ

　2021年3月29日を境に、消費者になじみ深い「コカ・コーラ」の500ミリリットルボトルはほとんどのスーパーで販売されなくなり、代わりに350ミリリットルと700ミリリットルという2サイズの新ペットボトルが販売されるようになりました。新サイズの導入後、売上高は従来の約1.3

倍に拡大すると試算されたといいます。

　というのも、量当たりの単価で考えると、メーカー希望小売価格は新サイズ導入当時の500ミリリットルボトルが140円なのに対し、新ボトルでは350ミリリットルで120円。つまり1ミリリットル当たりの価格は500ミリリットルが0.28円なのに対し、350ミリリットルでは0.34円となり、ミリリットル当たりの単価が約1.2倍に上がっているのです。

　コカ・コーラ ボトラーズジャパンはなぜこのようなサイズの変更をしたのでしょうか。同社のリサーチ結果によると、消費者は外回りや動いている最中であれば1人で500ミリリットルボトルを飲み干せる一方、自宅で飲むときの飲用量は20％ほど少なくなることが分かったようです。つまり、自宅で飲む場合、500ミリリットルボトルは1人だと飲み切れず、逆に2人だと物足りないという事態が想定されたようです。その上、スーパーで購買されるコーラは多くの場合、家庭で消費されるケースが多く、1人世帯や2人世帯の数が増加している背景も鑑みると、スーパーでの主力商品として500ミリリットルボトルが適さなくなっていました。こうした事情により、350ミリリットルと700ミリリットルのボトルが生まれたのです。

　驚くべきことにSNS上では、コカ・コーラの350ミリリットルペットボトルは「ちょうどいい」といった声が数多く見られました。このように顧客の知覚価値が上がれば、それが値上げだとしても顧客に受け入れられるのです。

事例紹介③：アリエール ジェルボール

　コカ・コーラに似た事例をもう1つご紹介します。洗濯洗剤「アリエー

ル」の「ジェルボール」です。2014年4月にP＆Gが発売した同商品は、粉末と液体が支配的であった日本の洗濯洗剤市場において、ボール状の洗濯洗剤として発売されました。「粉末でもなく、液体でもない第3の洗剤」と位置付けられ、市場投入から1年で、市場シェア8％に達する「予測を大きく上回る大ヒット」となり、洗濯1回当たり単価の向上ができたのです。

　ジェルボールのヒットは、粉末洗剤や液体洗剤で洗濯をする際に計量が手間と感じている人がいることや、液体洗剤の詰め替えが面倒と答える人がいること、洗剤の投入や詰め替えの際にこぼしてしまうと手間がかかるなどの事実に基づいているようです。「時短できる洗剤」としてヒットした同商品ですが、洗濯のプロセスから「計量」をなくすことで、時短だけでなく洗濯する際の精神的な苦痛を取り除いているのです。競合が洗浄力で競争する中、消費者の消費行動を深く考えることによって生まれた商品といえます。

　コカ・コーラの事例に加え、ジェルボールの事例からも、顧客の知覚価値が上がれば、値上げしても顧客に受け入れられるということが分かるのではないでしょうか。このように、原価や競合価格だけでなく、「価値」もプライシングには大きく影響します。繰り返すようですが、提供している商品・サービスの価値をしっかり価格へ転換することが重要で、その手段は単なる値上げだけではなく、使用量や使用回数当たり単価を上げる方法など、様々です。「価値」を科学し、うまく価格に転換させる手段を本書を通じてしっかり学んでいきましょう。

支払い意欲

　バリューベースプライシングを実施するためには、顧客の商品・サービ

スに対する「支払い意欲」を分析する必要があります。支払い意欲とは、広義な支払いに関する感情全般を指します。バリューベースプライシングでは、調査や分析によって、支払い意欲の中でも、特に商品・サービスに対して顧客が高い・安いと感じる金額やその幅を明らかにしていくことによって価格を決めていきます。分かりやすい例を出すと、パソコン1台に対し、10万円を高すぎると感じる人は、5万円を高すぎると感じる人と比べて、支払い意欲が高いといえます。支払い意欲を特定する具体的な手法については第3章以降で解説したいと思います。やや抽象的で分かりにくいかもしれませんが、現段階では「何やら支払い意欲という概念が重要らしいぞ」と思っていただければ十分です。

　厄介なことに、この支払い意欲は顧客によって異なります。これを説明するのに面白いデータがあります。図2-1を見てください。これは、第1章p.17で紹介したネットフリックスの調査で収集したデータをさらに細かく分析したものです。これはネットフリックスの月額利用料が1500円のとき、高すぎると感じる人が何％いるのかを示したものです。この図から1500円では36.2％の人が高すぎると感じていることが分かります。

　続いて図2-2を見てください。これもネットフリックスの月額利用料が1500円のときに、高すぎると感じる人が何％いるのかを示したものです。今度は22.2％の人が高すぎると感じています。「おや？　さっきは36.2％もいたような……」という声が聞こえてきそうですね。

　ネットフリックスという同じサービスで、同じ価格にもかかわらず、なぜ14ポイントの差が生まれているのでしょうか。それは、分析をする対象（データ）を変えたことにあります。

　図2-1ではネットフリックスを主にスマートフォンで利用している人、

図2-1　Netflixの月額利用料と高過ぎると感じる人の割合①

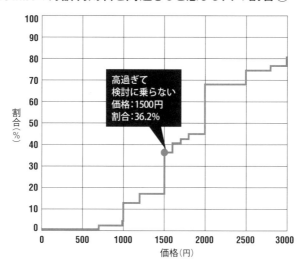

図2-2　Netflixの月額利用料と高過ぎると感じる人の割合②

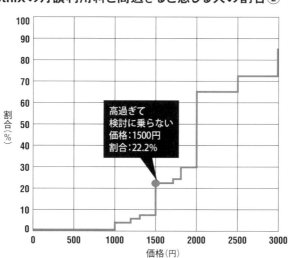

図2-2では主にテレビで利用している人のデータをピックアップして分析しました。この2つのデータの差から、普段利用しているデバイスの違いによって、価格に対する感じ方が異なるということが考察できます。このように顧客が変われば、もっと言えば顧客のペルソナが変われば、支払い意欲に差が生まれます。この次の項で分かりやすく説明しますが、この支払い意欲の差をうまく捉え、価格を分けていくことが収益最大化の原則となります。

　ちなみに、ネットフリックスはこの支払い意欲の差をうまくプライシングに反映させています。というのも、ネットフリックスのスタンダードプラン1490円と、プレミアムプラン1980円には、HD（デジタル放送と同じ）で視聴できるか、UHDや4Kで視聴できるかという差があるのです（プレミアムプランの方が高画質となり、テレビでの視聴に向いているということ）。

事例紹介④：マクドナルド

　かつて日本マクドナルドのCEOを務めていた原田泳幸氏が行ったマクドナルド改革※10の施策の1つで、2007年に導入された「地域別価格」は世間を驚かせました。「地域別価格」は同じ商品であっても、東京都・神奈川県・大阪府・京都府では値段を上げ、宮城県・山形県・福島県・鳥取県・島根県では値下げをするという施策です。実は、海外ではこのように地域ごとに価格を変える施策は珍しくありません。

　これの賛否について議論する場合、当然のように論点に上がるのがコストです。地域によって人件費や地価などの必要コストは変わりますし、特に飲食業態のような人件費や地価が利益率に大きく関わっているビジネス

においてはなおさらです。前述のコスト（原価）ベースプライシングという「コスト」を起点として価格を決める手法であれば、理にかなっているといえます。

　しかし、当時のマクドナルドでは、少なくとも「コスト」を起点としたコスト（原価）ベースプライシングの発想でこの施策（地域別価格）を決めていなかったようです。この施策は、どういう価格を設定すれば、最大の顧客が得られて、最大の利益につながるかという観点から導入したものだそうです。導入に当たっては、顧客の支払い意欲、原田氏の言葉では「プライス・センシティビティ（価格への受容性）」を考え、各地域の購買傾向を分析した末に1年がかりで各地域の価格を決定したということです。[※11]これは居住する地域によっても、顧客の支払い意欲に差が出る可能性があり、少なくともマクドナルドの顧客においては、支払い意欲に差が出ているということです。この支払い意欲の差を基に、うまく価格設定をしたのが当時のマクドナルドなのです。このように様々な変数が支払い意欲の差を生みます。これが特定できるようになると、プライシング戦略が劇的に変わるといっても過言ではないでしょう。

事例紹介⑤：らぁ麺 飯田商店

　2022年、神奈川の人気ラーメン店「らぁ麺 飯田商店」が話題を呼びました。理由は、ラーメンが1600円、つけ麺が2000円と、従来のラーメン業界からするとかなり強気ともいえる価格設定にあります。ラーメン業界には、古くから「1000円の壁」という言葉が存在します。文字通り、ラーメン1杯の価格が1000円を超えるのは難しいという意味です。実際、都内ラーメン店において、ラーメン1杯の価格のボリュームゾーンは、700円台後半から800円台に落ち着いているのが現状です。「らぁ麺 飯田

図2-3 **各金額でのラーメン1杯に対して「これ以上高いと買いたくない」人の割合**

金額	700	1000	1200	1500	2000
これ以上高いと買いたくないと思う人の割合	8.0%	24.7%	34.7%	58.0%	82.0%

調査期間：2020年6月5〜7日、サンプル数150件、プライシングスタジオ調べ

商店」の価格について議論するために、まずラーメン1杯当たりの消費者
の支払い意欲の調査を行いました。その結果が、図2-3です。

　このデータを見ると、ラーメン1杯当たり700円の場合「これ以上高い
と買いたくないと思う人」が8.0%（92%は検討予算内）存在することが
分かります。値段が上がるにつれて「これ以上高いと買いたくない」と思
う人の割合は増加し、1000円では24.7%（75.3%は検討予算内）、1200
円は34.7%（65.3%は検討予算内）、1500円になると58.0%（42%は検
討予算内）、2000円では82.0%（18%は検討予算内）になります。

　この結果を見て、75.3%が検討予算内とした「1000円」がラーメン1
杯の適正価格だと解釈する人も少なくないでしょう。また、65.3%が検
討予算内なのであれば1200円でも適正価格だと考える人もいるのではな
いでしょうか。このとき見逃してはいけない重要なポイントは、誰が「こ
れ以上高いと買いたくない」と思っているかという観点です。

　例えば、私は青森県出身ですが、地元青森で1杯1000円を超えるラー
メンを見かけることはまずなく、500円台後半から700円台がほとんどです。
1000円を超える場合は観光客をターゲットとしたご当地ラーメンくらいで、
地元客はほとんど食べません。

　つまり、もし地方にラーメン店を出店する際、1杯1000円で考えてい
るのであれば注意が必要ということになります。マクドナルドの事例でも

あった、居住する地域によって顧客の支払い意欲に差が出るという話に近い現象ですね。これは、実際の分析からも、700円のときにこれ以上高いと買いたくないと答えた8.0%の人たちの多くは地方在住者だということが分かりました。逆に言えば、東京・新宿などの都心部に出店を考えている場合は、少し高めの1200円だとしても、「これ以上高いと買いたくない」とした人の割合は34.7%から下がり、検討予算と考える人が増える可能性があります。

　ここから、ラーメンの適正価格を考える際には「出店する立地」が1つの指標になるということが分かります。全国のラーメン屋をひとくくりで比較し、いくらならいいのか、それが高いのか、安いのかを考えるのではなく、まず店舗を構える立地に着目する必要があります。その上で、そのエリアでラーメンを消費する層にとって、いくらまでが予算内なのかを調査によって明らかにしていくのが良いでしょう。

　ここまでの内容を踏まえると「らぁ麺 飯田商店」のラーメンが1600円、つけ麺が2000円でも成立することが納得できるのではないでしょうか。店舗が立地するのは神奈川県湯河原町という観光の名所です。客層のほとんどが地元在住ではないことは想定されますし、観光中の特別な体験を求めるのなら、ラーメン1杯に対する考え方や財布の大きさも普段とは異なり、2000円でも安く感じる人は多いと想定できます。もちろん、飯田商店のラーメンを食べるために、湯河原町まで行っている方も多いと思います。その層は、エリアとはまた別の要素が「支払い意欲の差」を生んでいます。「支払い意欲の差」を生む要素は1つではありません。

　このように、一見すると常識での理解や半直感的な理解に苦しむプライシング戦略であっても、ターゲットとしたい層の支払い意欲を鑑みた値決め、もしくは希望する販売価格から逆算した支払い意欲を持つターゲット選定といった観点で考えると、実は裏にはしっかりした戦略があり、その

戦略が理にかなっていることもあるのです。

プライシングで収益が最大化する原則
（一物一価と一物多価）

　続いてプライシングで収益が最大化する原則について解説します。それはズバリ「一物多価」で販売するということです。まず「一物多価」の概念について理解を深めていきましょう。

　基本的に、商品・サービスは「一物一価」で販売されています。「一物一価」とは伝統的に経済学で提唱されている「一物一価の法則（law of indifference）」にならって名付けられ、1つの物に単一の価格のみが存在することを意味します。世の中のほとんどの商品・サービスは「一物一価」であることが多く、例えば、自動販売機のジュースなどはイメージが湧きやすいのではないでしょうか。これらの商品・サービスには1つの価格しか存在しません。

　そこから派生した概念に「一物多価」があります。これは、1つの物を複数の価格で販売することを指します。例えば、飛行機のチケット価格、ホテルの料金。これらは購入する時間によって価格が変わります。居酒屋のハッピーアワー（特定の時間だけ、ドリンクの料金が安くなるキャンペーン）もこれに該当します。先ほど紹介したネットフリックスも「一物多価」に該当します。プランによって価格が異なるためです。ちなみに、ネットフリックスに関しては各プランをそれぞれ1つの商品と仮定すると、「一物一価」と考えることもできますが、「一物多価」と考えても差し支えはないでしょう。

「一物多価」で販売するメリット

「一物多価」で販売する最大のメリットが、収益の最大化です。これは簡単にいうと「定価より高価で販売する機会」と「価格を下げれば顧客を獲得できたであろう機会」を逃さずにつかむことで、収益の最大化を実現できると説明できます。

ここで少しだけ小難しい説明をさせてください。ハンバーガーショップを例に考えます。図2-4-1〜3を見てください。まず図2-4-1ですが、1日にハンバーガーを500個販売できるキャパシティーがあるとします。この図の右下に伸びる三角形の斜線部分の直線は売上反応曲線といい、いくらだったらどれくらいの個数が売れるのかを表しています。あり得ない話ですが、もし0円で販売したら500個売れる、つまり500人がハンバーガーを購入することを意味しています。この場合、500個が完売しますが、売り上げはありません。そこで、より大きな売り上げを上げるために、価格を徐々に上げていくわけですが、徐々に売れ行きが落ち、最終的に2000円まで上げたとき、誰もハンバーガーを買わなくなるということを示して

図2-4-1 **価格と販売数、売り上げの関係①**

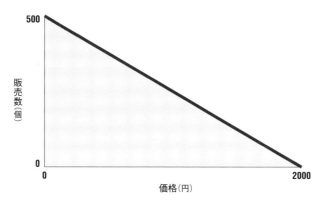

図2-4-2 **価格と販売数、売り上げの関係②**

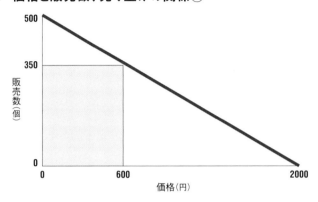

図2-4-3 **価格と販売数、売り上げの関係③**

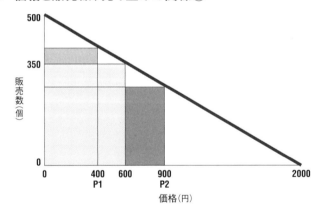

います。このX軸とY軸と売上反応曲線が形作る三角形が潜在的な売り上げになります。潜在的な売り上げは、底辺×高さ÷2で求められますから、2000×500÷2＝50万円ということになります。

次に図2-4-2を見てください。仮にハンバーガーを600円で販売すると、600×350＝21万円が潜在的な売り上げになります。図中のブルーの長方

形がこれに該当します。これでは潜在的な売り上げの半額にも満たないことが分かるでしょう。これが「一物一価」の限界ということです。ちなみに、800円で販売した場合の潜在的な売り上げは24万円、1000円で販売した時の潜在的な売り上げは25万円でした。

　では本題の「一物多価」で販売するとどうなるでしょうか。もちろん、同じハンバーガーを複数の価格で販売するわけにはいきませんので、高価格のベーコンエッグバーガー、低価格のチキンバーガーを販売します。チキンバーガーの価格をP1（400円）、ベーコンエッグバーガー の価格をP2（900円）とします（**図2-4-3**）。これら全ての潜在的な売り上げを計算すると、40万7500円となります。もちろん価格が増えれば増えるほど、潜在的な売り上げは大きくなります。これは600円、800円、1000円で販売した際の潜在的な売り上げより大きな数字です。このように「一物多価」で販売すると、「一物一価」と比較して潜在的な売り上げが高くなるのです。もちろんこれは潜在的な売り上げに対する比較であり、実際の売り上げとは異なりますが、理論上、「一物多価」で販売した方が収益が上がるということです。

　これらを端的に説明すると、高くても売れる層には高く販売することで「売り上げの機会損失」をなくし、安くないと買わない層には安く販売することで「販売数の機会損失」をなくすということです。もちろん同じ商品・サービスを人によって価格を変えて販売することは、顧客の信頼を失うことにつながりかねませんが、前述したネットフリックスのように「支払い意欲差の特定」をして、動画の画質の良しあしなど付加価値に差をつけたプライシング設計をすることで「一物多価」は実現可能となるのです。

事例紹介⑥：Amazonプライムビデオのオプションチャンネル（「マイ★ヒーロー」チャンネル）

　Amazon（アマゾン）プライムビデオに「マイ★ヒーロー」というオプションチャンネルが存在するのはご存じでしょうか。「マイ★ヒーロー」は、東映が運営しており、1950〜90年代の懐かしの特撮ヒーローを集めたチャンネルです。仮面ライダーシリーズやスーパー戦隊シリーズ、メタルヒーローシリーズなどの作品を、月額料金499円（税込）を追加で支払うことで、見放題で視聴できます。この「マイ★ヒーロー」チャンネルは、1セットで約3万円する仮面ライダーのブルーレイボックスなどをそろえるくらいなら、追加で課金をして仮面ライダーシリーズなどの作品を視聴したいというニーズや、子育てのツールとして付加価値を感じて視聴するといったニーズもくみ取っているようです。ちなみにアマゾンプライムビデオは、登録可能なチャンネルが全部で63チャンネル（2023年2月時点）あり、他にも追加で有料登録することができるチャンネルを多数そろえています。まさに「一物多価」での販売による増収を実現しているといえます。

事例紹介⑦：東京ディズニーリゾートの施策

　東京ディズニーリゾートも、「一物多価」をうまく活用し、収益を上げています。「ディズニー・プレミアアクセス」や「東京ディズニーリゾート・キッズサマーファン！キャンペーン」などが、広義の意味では「一物多価」を応用した施策に該当するといってもいいでしょう。

　ディズニー・プレミアアクセス（以下、プレミアアクセス）とは、2022年5月から導入されたシステムです。プレミアアクセスを利用すると、

パーク入園後、東京ディズニーリゾート・アプリなどから特定の施設を時間指定で予約し、短い待ち時間で体験することが可能となります。料金は1施設につき1回1人2000円です。

　また、「東京ディズニーリゾート・キッズサマーファン！キャンペーン」は、2022年6月27日から8月31日までの期間で実施されました。子ども（幼児・小学生）の東京ディズニーランド、東京ディズニーシーの入園料を通常の半額にするというものです。1デーパスポートは通常4700～5600円のところを2350～2800円で提供していました。

　新しいアトラクションに一刻も早く乗りたい熱量の高いユーザー（＝支払い意欲が高い）は、「プレミアアクセス」を通じて高単価を実現しており、子どもがいて、支払い総額が高くなりがちなファミリー層（＝支払い意欲が低い）は、「東京ディズニーリゾート・キッズサマーファン！キャンペーン」で支払い総額を緩和し、来場しやすい料金にすることで、支払い意欲が高い層に対する売り上げの機会損失をなくし、なおかつ支払い意欲が低い層もうまく獲得しているのです。このように、東京ディズニーリゾートも「支払意欲の差」をうまく活用し、「一物多価」で収益の増加を実現させているのです。

　実は、収益の最大化以外にも「一物多価」で販売するメリットがあります。図2-5を見てください。これは、価格ごとに「何％の顧客が高すぎると感じて購買をしなくなるのか」を調査・分析によって明らかにしたグラフです。これを見ると、8000円や1万円という金額に顧客が高すぎると感じる大きな壁があることが分かります。7999円から8000円にすると10.8％の顧客が購買をしなくなり、9999円から1万円に値上げすると23.4％の顧客が購買をしなくなるのです。

　ちなみに現在の価格の1つである8400円から1万円に値上げすると

図2-5　**商品の価格と購買をしなくなる顧客の割合の関係**

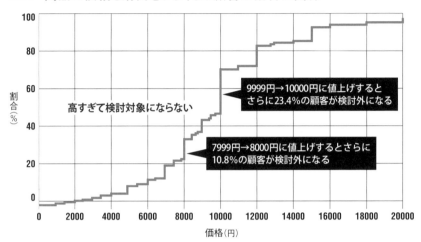

53.1%の顧客が購買をしなくなることもここから分かります 。だからといって、8000円にしてしまうと、1万円でも買ってくれる約3割の顧客からは「高く取れない」という機会損失が発生してしまいます。このように顧客の獲得が進むにつれて、支払い意欲もばらつきが激しくなっていきます。「一物一価」では、このような現象が起きた際、どっちつかずの価格（顧客が減るか、売り上げの機会損失が生まれるか）となってしまいます。このような状況を回避するためにも「一物多価」でのプライシングが必要になってくるのです。

第 2 章 の ま と め

1. 価格はコスト、競合価格、価値の3要素で決めることができる。それぞれ1つだけを考慮するのではなく、それぞれバランスを考慮して決める必要がある

2. 支払い意欲は顧客のペルソナによって異なることがある。 よって、バリューベースプライシングを実行するためには、ペルソナごとに支払い意欲を分析する必要がある

3. また、収益を最大化させる上では、一物多価が原則となる。 なぜならば、「定価より高価での販売する機会」と「販売する価格を下げれば顧客を獲得できたであろう販売機会」を逃さずつかむことが実現されるためである

脚注

※9　菅野 寛［2016］『BCG 経営コンセプト 構造改革編』東洋経済新報社

※10　2004年、日本マクドナルドは同社は7年連続で既存店売上がマイナスという厳しい状況だったが、原田泳幸氏がCEOに就任した2004年以降は、数々の改革により8年連続、既存店売上がプラスに転じ業績を改善した。

※11　原田 泳幸［2008］『ハンバーガーの教訓-消費者の欲求を考える意味』角川書店

プライシングの全体像

図3-1　バリューベースプライシングの実行プロセス

STEP0	STEP1	STEP2	STEP3	STEP4	STEP5
目的設定 ・目的設定 ・価格仮説の立案	**調査要件定義** ・調査目的定義 ・分析アウトプット設計 ・調査対象定義	**アンケート作成・配信** ・アンケート作成 ・調査対象の抽出 ・アンケート送信 ・アンケート回答数の確認 ・回答数が足りなければ再送信	**分析実施** ・データクレンジング（価格矛盾の特定・排除・無回答及びストレートアンサーなどのノイズデータの排除） ・データ分析 ・シミュレーション	**意思決定** ・想定していた結果との差分とその原因を分析 ・得られた結果とそれに対する考察を記載 ・意思決定	**実行**

　第3章では、まずプライシングプロセスの全体像を理解できるように、「価格はこうやって決めます！」といった、バリューベースプライシングの実行プロセスの全てを一気に紹介します。前章で登場した「支払い意欲」ってどうやって測るの？、「一物多価」ってどうすればできるの？といった疑問を解決できるプロセスの全貌を明らかにします。

　そして、そのプロセスに出てきた一つひとつの内容に対し、第4章以降で、詳細な説明を加えていきます。つまり、線の知識として理解する第3章と、点の知識としてそれらの理解を深める第4〜6章、8章がある、そういった構成となっています。本章ではこれに加えて、第0（ゼロ）段階としての、目的設定や、スケジューリング、担当者をどうするべきかについても解説します。また、本章の最後では、はやりのダイナミックプライシングについて、コラムという形で紹介したいと思います。

プライシングの大まかな流れ

　早速、バリューベースプライシングの実行プロセスの全貌を明らかにしていきましょう。ここでは実際にプライシングスタジオが提供しているプロセスに沿って解説していきます（**図3-1**）。

STEP0　目的設定・価格仮説立案

　プライシング戦略の成否を分ける最も重要なことが、この目的設定・価格仮説立案です。というのも後続する調査・分析は、ステップ0で立てた仮説を検証するためのデータを収集し、そのデータを分析するものだからです。そして、その結果を基に意思決定がされるため、この段階で仮説が実態やありたいプライシングの姿とずれていると、その後のプロセスが全て水の泡になりますし、当然正しく意思決定が行われることはありません。

　そもそも、良いプライシングと悪いプライシングとは何が違うのでしょうか。私はこの問いをよく投げかけられます。しかし「良いプライシングと悪いプライシングとは何が違うのでしょうか」とだけ問われても、私は答えることができません。というのも、「事業がどうありたいか」によってプライシングの良し悪しが変わるからです。

　図3-2を見てください。青の線は購買人数を、グレーの線は売り上げを価格ごとに推計したものです（推計方法に関しては第8章にて解説します）。具体的にいうと「9000円という価格のときに90%の顧客が価格という観点において購買可能になるため、顧客数が最大となる」、「1万4500円という価格のときに売り上げが8800万円になると予想され、売り上げが最大となる」といった見方をします。当たり前のようですが、この図を見ると「売り上げが最大化する価格」と「顧客数が最大化する価格」は異なることが分かるのではないでしょうか。

　では、「売り上げが最大化する価格」と「顧客数が最大化する価格」のどちらを選択するのが正解でしょうか。それは「事業がどうありたいか」によって「売り上げ」と「顧客数」のどちらにプライオリティーを置くべきかで変わります。もっと言うと、プライシングの意思決定に関係する変数は「売り上げ」と「顧客数」だけではありません。例えば、利益率、販

売チャネル、製品ポートフォリオごとの販売戦略など様々です。これは、価格変更の目的次第では「売り上げが最大化する価格」でも「顧客数が最大化する価格」でもない価格が正解になることもあるということです。価格は事業の写像です。つまり、数多くある選択肢の中から、「事業がどうありたいか」という観点で複数の条件や制約を考慮し、1つの価格に絞り込むこと。これがプライシングという行為です。

　そのためあえてプライシングの良しあしを判断するとしたら、「事業がどうありたいか」つまり、事業のありたい姿とプライシング戦略がリンクしているプライシングが良いプライシングであり、正解なのではないでしょうか。ちなみに京セラ創業者である稲盛和夫氏のフィロソフィには「値決めは経営」という考えがあります。「自分の製品の価値を正確に認識した上で、量と利幅との積が極大値になる一点を求めること」が重要という言葉ですが、これも必ずしも正解とは言えません。事業のありたい姿によ

図3-2　**価格ごとの顧客数と売り上げの推計結果**

って正解は変わるということです。

　前置きが長くなりましたが、「目的設定」は事業のありたい姿とプライシング戦略をリンクさせるために行います。もっとかみ砕いて言うと、プライシングを通じて事業で実現したいことを設定する。それをプライシングの目的として定義し、目的を実現するためのプライシング戦略を策定する。そのために、目的設定を行うということです。これを飛ばして後続の調査・分析に入っていくと、必要なデータがそろわないか、シナリオができすぎて意思決定がブレてしまうなどの危険があります。「目的設計」は、しっかりと向き合いたい項目です。

　目的設定のポイントは、目的は2つのレイヤーに分かれるということです。「目的設定」では、まず「事業がどうありたいのか」といった事業レイヤーでの目的、「それを実現するための価格はどのようなものか」、あるいは「どんなプライシング戦略でそれを実現するのか」といったプライシングレイヤーでの目的をそれぞれ考えることになります。

　事業レイヤーでの目的設定では、まずはじめに「事業で何を実現したいのか」、これが「価格の検討が必要な背景」になります。これは解決したい課題を明文化することにつながります。例えば以下のようなことです。

　価格の検討が必要な背景の例
　●中期経営計画での売り上げ目標達成
　●新規サービスローンチ時の顧客獲得
　●サービス成熟期の利益改善
　●顧客業界別の効率的な営業活動の実現

●新規ターゲット顧客層の獲得

　これができたら次は、プライシングレイヤーでの目的設定を行います。明文化した課題を解決できるような目的、つまり「その目的を成し遂げるためには何を達成したらいいのか」を考えます。それがこれから始まる価格変更（決定）プロジェクトの目的になります。具体的には以下のような目的になります。

　目的の例
●【中期経営計画での売り上げ目標達成】→ あり得る価格変更余地を検証し、売り上げ目標を達成できるような値上げを実現する。
●【新規サービスローンチ時の顧客獲得】→ ローンチ時の顧客獲得を実現できるような、顧客に受け入れられやすい価格を策定する。
●【サービス成熟期の利益改善】→ 顧客毀損を抑えつつ、利益目標を達成できるような値上げを実現する。
●【顧客業界別の効率的な営業活動の実現】→ 顧客の業界別に適切な価格を設定する。
●【新規ターゲット顧客層の獲得】→ 既存顧客とは異なるターゲット層を獲得しやすい価格を設定する。

　そしてこの目的こそが、決定後のプライシングの理想の姿となります。STEP1以降ではこの状態を目指し、実行プロセスを進めていくことになります。
　ここで重要なことは、何を追求し、何を追求しないのかを意識することです。先ほど、「売り上げが最大化する価格」と「顧客数が最大化する価格」は違うという話をしましたが、その事業に携わる者であれば、売り上げも

顧客数もどちらも伸びてほしいに決まっています。ただし、それらを等しく最大化させる価格設定は不可能であるということです。前章で紹介したネットフリックスのように顧客数を維持しつつ売り上げを増加させる、いわゆる落とし所は存在します。

　繰り返しになりますが、価格は事業の写像です。事業（フェーズ）が変われば、価格も変わります。そのため、定期的に見直していく前提で、今回の価格設定では何を追求し、何を追求しないのか、といった優先順位付けがはっきりした、うまい目的設定ができるかどうかが重要になります。

STEP1　調査要件定義

　やみくもな調査は失敗を招きます。ここでいう失敗とは、意思決定に必要なデータが集まらなかった、集めたデータを分析してみたが何も示唆が得られなかった、などです。失敗しないためには、急がば回れで、しっかり調査の要件を定義してからするのがいいでしょう。調査要件定義では次の3つを行います（この3つの詳しい内容は第4章で解説します）。

1-1.　調査仮目的の定義（顧客像の仮説、価格体系の仮説）
1-2.　分析アウトプット設計
1-3.　調査対象の定義

　バリューベースでのプライシングを実行する際、私はほとんどの場合においてアンケート調査を推奨しています。アンケート調査は回答者のバイアスがかかることも多く、半信半疑な方も多いのではないでしょうか。実際、顧客の実購買データなど、顧客の実際の行動に基づくデータを参照した方が、アンケートの結果を基にするより納得度合いが高いでしょう。しかし、新しい価格にするときはほとんどの場合、これまで販売したことが

ない価格を選択することになるでしょう。そのため、顧客の実際の行動に基づくデータがない場合が大半で、その状況下ではアンケート調査が最も手軽で、精度高く実践できる手法であると私は考えています。本書で紹介するプロセスではアンケート調査が鍵を握ります。

　もし関わっているビジネスの価格決定者から「アンケートの結果を参考にプライシングを決める」と言われた時、どう思うでしょうか。賛否は分かれますが、これまで出会ってきた多くの経営者、事業責任者、マーケターのほとんどはアンケート結果を参考に価格を決定することに対して懐疑的でした。

　実は、私がプライシングという領域で事業を始めようと思い立ち、一番最初にリリースしたサービスは、アンケートを活用したプライシング支援サービスでした。当時、価格決定・プライシングの支援を専門としたサービスは新規性が高く、多くの事業者に興味を持っていただき、提案の機会をいただくことができました。

　多くの場合、「価格を科学することに意義を感じています」「ぜひうちに適正な価格を教えてください」「価格を科学して、利益を上げてください」といったポジティブな言葉をいただいて、商談がスタートします。しかし、具体的なソリューション内容の説明になり「アンケート」という単語が出ると、急に空気が変わるのです。

　その後、「価格を科学するという御社の考え方には共感できるが、たかがアンケートで価格を決められるとは思わない」といった文脈のお断りを頂戴するのです。そして、続けて「アンケートではなくAIを活用したソリューションはないのか」「ダイナミックプライシングなら導入を検討したい」と言われることは、一度や二度ではありませんでした。

　p.71以降のコラムでで詳しく解説しますが、ダイナミックプライシン

グの適用範囲は狭く、多くのビジネスにおいて良い効果が生まれることは
ないでしょう。むしろ、たとえアンケート調査だとしても、適切な目的設
定を行い、それを実現するために立てた調査仮説を検証した方が、よほど
利益に貢献できるのに……、売り上げに貢献できるのに……。そんな思い
で、悔しく思う日々でした。

　実際、アンケートの結果を参考に価格を決めたら、いいプライシング戦
略は策定できないのでしょうか？　アンケートでは精度の高い分析はでき
ないのでしょうか？

　答えはNoです。アンケート調査で決めた価格の妥当性を検証するために、
A/Bテストを実施したことが何回もありますが、調査結果と近似した結
果になりますし、アンケート調査の結果を基に、価格を変えたクライアン
トの皆様の企業でも、調査結果通りの結果になっています。

　そのため、たかがアンケートと言われても、されどアンケートであると
考え、それがクライアントの課題を解決できる方法だからと、強い意志を
持って事業を進めてきました。今でこそ、多くの支援実績が生まれ、我々
のアンケート調査を軸としたソリューションにも価値を感じていただく機
会は増えましたし、懐疑的な方はだいぶ減ったように思います。

　アンケート調査は、その難易度の高さゆえに生まれた失敗体験から、ア
ンケート調査自体が使えない行為だと勘違いされるようになり、結果とし
て多くの人が懐疑的になっているように思えます。しかし、アンケート調
査はプライシングにおいて非常に有用であり、本書でもアンケート調査を
活用した手法をいくつか紹介しています。多くの場合、それらが正攻法と
なるということを、ここでお伝えしようと思います。

　とはいったものの、アンケートの精度を高く実践するには、調査要件を
しっかり作る必要があります。そのためには、調査や分析手法への深い理

解、またその後に行われる意思決定のプロセスをイメージできるかが重要になります。それらについてもこれからしっかり解説しますのでご安心ください。

STEP2　アンケート作成・配信

　STEP1を通じて、アンケートの設問、アンケート調査の対象を選定します。その後はアンケートを実際に作成して、回収する作業になります。手順は次の5つです。

2-1.　アンケートを作成
2-2.　調査対象の抽出（実際の連絡先の抽出）
2-3.　アンケート送信
2-4.　アンケート数の確認
2-5.　回答結果が足りなければ再送

　本書の読者であれば、これら5つの手順は、比較的容易に理解できると思いますので、あえて特筆することはないのですが、1つ挙げるとすれば、適切なアンケートツールを選ぶことでしょう。例えば「いくらなら高いと思うか？」という設問を行う場合、自由記述にすると同じ1000円でも、「1000円」「千円」「1,000円」「1000」など様々な表記で回答が集まります。これでは、ステップ3で行うデータクレンジングの工数が肥大化してしまうので、半角英数字のみ記入可能といった機能があるツールを選ぶなど、分析の手間の削減という観点からアンケートツールを選ぶといいでしょう。この作業は意外と侮れません。

STEP3 分析実施

　STEP3では、いくつかの分析手法（第5章で詳しく解説します）を駆使しながら、例えば「支払い意欲が高い層は〇〇のような特徴がある」と分かった場合、〇〇の顧客属性に絞って購買人数や売り上げの推計をしてみたり、解約する顧客属性の分析など様々な軸で比較検討しながら価格変更のシナリオ案を作成してみたりと、答えを探しにいきます。手順は以下になります。

　3-1. データクレンジング（価格矛盾の特定・排除・無回答およびストレートアンサーなどのノイズデータの排除）
　3-2. データ分析
　ー3-2-1. シミュレーション
　ー3-2-2. 離脱顧客の分析

　ここでのポイントは、分析を重ね、深掘りして要点をつかんでいくことです。価格検討は論点が多くなりがちです。そのため粗い分析から詳細分析へと推移していく中で、検討論点をつぶしていき、最終意思決定までたどり着くことになります。無数にある選択肢の中から、1つの価格を絞り込むのがプライシングであると言及しましたが、これは唯一解を求めにいくような分析設計ではなし得ることができません。順を追ったシンプルな分析設計を意識することが大切です。論点が多くなりがちな価格検討でこそ、段階的な分析が必要となります。

　また、このようなプロセスを経ると、必然的に様々なことが分かり、調査後に分析したい論点が増えてきます。例えば、「古い顧客と新しい顧客で傾向が違うのではないか？」「顧客業界ごとに傾向が違うのではないか？」などです。これらをやみくもに検討することは、意思決定に必要な論点が

見えなくなる可能性があります。この場合、意思決定を左右する仮説がなかったり検証しても意思決定には影響がなかったりするものに関しては深追いせず、検証することで意思決定が左右される仮説が存在するものを重点的につぶすのが得策でしょう。

STEP4　意思決定

　調査・分析が済んだら意思決定です。「事業がどうあってほしいのか」といった事業レイヤーでの目標を達成するために「どんなプライシング戦略でそれを実現するのか」というプライシングレイヤーでの目的を達成できる価格がいくらなのかを分析結果から選んでいく「作業」です。

　第1章で紹介したネットフリックスの事例を交えて具体的に説明すると、スタンダードプランでは、1190円が顧客が最大化する価格、1990円が売り上げが最大化する価格、1490円がある程度の顧客数を維持しつつ売り上げが増加する価格、といった複数のシナリオを比較し、どの価格を選ぶのか、ということです。また、主に利用しているデバイスの違いの差に着目して、料金プランを変えるなど、価格体系の変更の検討も併せて行う場合もあります。

　ここであえて「作業」という言葉を選んだのは、目的設定の段階で「どんなプライシング戦略でそれを実現するのか」は、決まっているからです。従って、どの金額がそれを実現できるのかを選ぶだけでいいのです。もしその価格がない場合（値上げしたいが値上げの余地がない場合なども多々ある）は、可能な限りその状態に近づくことができる価格を採用するか、「事業がどうあってほしいのか」の部分を見直すしかないでしょう。そのため、次のような手順で進めます。

図3-3 **Netflixの価格変更シミュレーション（スタンダードプラン）**

	顧客数	売上
1190円（顧客最大価格）	＋4.8%	− 5.6%
1490円	− 1.6%	＋11.1%
1990円（売上最大価格）	− 22.2%	＋17.3%

4-1 想定していた結果との差分とその原因を分析

4-2 得られた結果とそれに対する考察を記載

4-3 意思決定

　ここでのポイントは、何を追求し、何を追求しないのかを意識することです。「売り上げが最大化する価格」と「顧客数が最大化する価格」は違うという話をしましたが、今回の事業フェーズでの価格設定では何を追求し、何を追求しないのか、といった優先順位を踏まえた意思決定ができるかどうかが鍵となります。

STEP5 実行

　意思決定が終わったら、後は実際に価格変更を実行するフェーズに移ります。実行では、「顧客の納得が得られるPR」「価格改定に反対する販売代理店の交渉」「規約周りを見直し、価格変更が可能か確認・対応する」「開発チームと連携し、新しいプライシングに対応する」などのタスクを並行して行います。詳しくは第6章で解説します。

事例紹介⑧：楽天モバイル

　2022年5月13日に楽天モバイルは新料金プラン「Rakuten UN-LIMIT VII」を発表しました。それに伴い「1Gバイトまで0円」のプランが同年6月末で廃止され、既存の0円プランユーザーも自動で新プランが適用されることとなりました。大々的に打ち出していた0円プランだっただけに、今回の廃止ならびに新プランへの強制移行は世間の大きな注目を集めることになりました。発表翌日の5月14〜15日には、低価格帯の料金プランを提供するpovo（ポヴォ）への申し込みが集中。本人確認に時間がかかってしまう事態が発生しました[※12]（**図3-4**）。これは、楽天モバイルからの乗り換えが殺到したことが原因と考えられています。povoはauが提供するオンライン専用の低料金プランです。povo2.0は、基本料金0円で毎月好きなデータ容量と通話オプションを"トッピング"して臨機応変に使いこなせる点が特徴です。楽天モバイルからpovo2.0への流出現象が発生したこともあり、楽天モバイルの新料金プランに対しては賛否が

図3-4　povoに申し込みが集中した

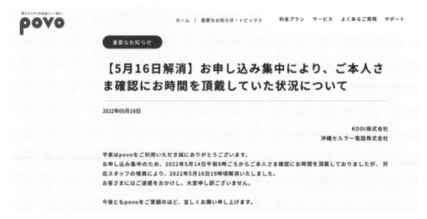

分かれました。果たしてこの値上げは失敗だったのでしょうか。

　新料金プラン「Rakuten UN-LIMIT VII」は、利用データ容量に応じて料金が3段階で変動します。月0〜3GBの場合は1078円、3〜20GBは月額2178円、20GBを超過した場合は月額3278円。従来プランの「Rakuten UN-LIMIT VI」との違いは、月間容量が1GBのユーザーは月額0円となっていたものを撤廃し、最低料金が1078円となった点です。これは既存ユーザーにも自動で「Rakuten UN-LIMIT VII」が適応されます。ただし移行措置として既存ユーザーに対し、7月1日の新プラン提供開始から4カ月間は「月1GB以下は実質無料」となる還元策を実施しました。具体的には、7〜8月請求分に対しては月間1GB以下のユーザーは無料、9月の請求分は、「(ユニバーサルサービス料と電話リレーサービス料の3円を含む) 1081円分の楽天ポイントでの還元」、10月請求分は「1080円分 (ユニバーサルサービス料と電話リレーサービス料の2円を含む) の楽天ポイントでの還元」が実施されました。他の細かい変更内容は図3-5の通りです。

　私は今回の値上げに対する事業レイヤーでの目的は、モバイル事業の黒字化に向けた設備投資とブランドのリポジショニングだったのではないかと考えています。また、それを実現するためのプライシングレイヤーでの目的は設備投資の投資原資獲得、顧客セグメントの拡張による全体利用者数の増加ではないでしょうか。

　まずモバイル事業の黒字化に向けた設備投資には、KDDIに支払うローミングコストの削減が大きな鍵となります。データローミングとは、通信キャリアのサービスエリア外で通信しようとしたとき、提携する現地キャ

図3-5 **楽天モバイルの料金変更内容**

プラン名		Rakuten UN-LIMIT VI（〜6月30日）		Rakuten UN-LIMIT VII（7月1日〜）
対象の回線		1回線目のみ	2〜5回線目	1〜5回線目
月額料金とデータ利用量	1GBまで	0円	1,078円	1,078円
	3GBまで	1,078円		
	20GBまで	2,178円		2,178円
	20GB超過後	3,278円		3,278円
速度制限	楽天エリア内	なし		なし
	楽天エリア外	最大1Mbps（5GB超過後）		最大1Mbps（5GB超過後）
Rakuten Linkアプリ		通話かけ放題・SMS送信し放題		通話かけ放題・SMS送信し放題
かけ放題オプション（標準通話アプリ用）		1,100/月 最初の10分間かけ放題 SMS送信し放題		1,100/月 最初の15分間かけ放題 SMS送信し放題
メールアドレス		提供なし		提供予定

リアの通信網を代わりに利用する機能のことです。基地局数が少なかった楽天は、携帯電話事業者サービスの利用可能人口を示す指標である人口カバー率が低く、多額のローミングコストがかかっているというわけです。ローミングコストの削減には、人口カバー率を上げること、つまり基地局数を増やしていくことが必要です。同社は目標としていた4Gネットワークの人口カバー率96％を2022年2月4日に達成。約4年の前倒しを実現しています。

また、自社エリアの拡大に伴ってKDDIのローミング回線の利用は減少しているようで、2021年10月には、既に39都道府県の一部地域でローミングを終了していました。2021年末における楽天モバイル回線エリアでのデータ利用比率は9割近くに上ることもあるようです。ちなみにロ

ーミングコスト削減の規模感について、楽天グループの三木谷浩史会長兼社長は「100億円単位ではない（より少ない）形で減っていくと思っていい」と述べていました。ローミングコスト削減も、あとちょっとのところまできているのでしょう。

　次にブランドのリポジショニングですが、そもそも通信キャリアは大きく3つのポジションに分かれています。au、ソフトバンク、NTT ドコモなどの高価格帯、Y!mobile、UQmobile などの中価格帯、LINEMO、povo などの低価格帯です（**図3-6**）。価格が高くなったとしても、通信速度やデータ容量、付帯サービスの充実、家族割などを求める層は高価格帯を選択。選べる端末（iPhone、Galaxy など）や通信速度やデータ容量、サポート内容に制限があってもいいから、とにかく価格を下げたい層は低価格帯を選びます。その中間である中価格帯も含め、カニバリゼーションを避けつつ、大手通信キャリアはあらゆる層を取り込んでいることが分かります。これまで楽天モバイルは低価格帯に位置していましたが、今回の価格改定で低価格帯と中価格帯の中間付近に位置することになりました。しかし、今後も基地局数を増やしていく方針や、楽天グループの他のサービスとの連携強化を訴求している点から考えると、高価格帯の通信キャリアと同等の提供価値でありながら価格が安い状態を目指しているのではないでしょうか。さらに、三木谷氏は、当時の約546万人という契約数 に対し、将来的な契約には「1500万人、2000万人はいくと確信している」と発言していることから、さらなる顧客獲得を想定しているといえます。
　これらを達成するには、安すぎて質が低いと考える顧客層の獲得も必要となります。顧客数をある程度維持しつつ、安すぎて質が低いと思われない金額まで値上げをして、そのように考えていた層も獲得するために、今回の値上げに至ったのではないかと考察できます。

図3-6　**通信キャリア各社の価格ポジショニング**

8000円〜	ドコモ	au	ソフトバンク
5000〜7000円		UQ	Yモバイル
3000〜5000円	ahamo	povo	LINEモバイル

　一般的に、携帯キャリアが参入障壁を築くには、人口カバー率とグループサービスとのシナジーが大事とされています。楽天は既に楽天カードや楽天市場などの独自の経済圏を築いているため、鍵になるのは人口カバー率です。つまり、楽天モバイルの人口カバー率が今後さらに増加すると、楽天モバイルは「高付加価値で低価格」のポジショニングが確立されます。そうなるとNTTドコモやKDDI、ソフトバンクから顧客の流入が期待できると楽天モバイル側は見ているのではないでしょうか。

　この考察の真偽は定かではありませんが、一見すると楽天モバイルからpovoへの乗り換えが殺到したことは、値上げの失敗事例と解釈できるかもしれません。しかし、事業をどうしたいか、そして今回のプライシングの目的次第では、それは想定内のことであり、むしろ成功であったといえるということです。

番外編：スケジュールと担当者

バリューベースでのプライシングの全プロセスについて紹介しましたが、それを実現するためのスケジュール、それを実施する担当者を忘れずに検討しましょう。

プライシングスケジュール

価格を変更する場合、社内外に多くの関係者が存在します。そのため、想定外のアクシデントも多く、価格変更の検討当初から、計画に基づいた、余裕を持ったスケジュールで動くことが肝になります。あくまで目安ですが、単一のサービスの価格を変更する場合3〜4カ月、複数のサービスの価格を変更する場合半年以上、全社にまたがるようなプライシング変革の場合は1年以上かかることが多いと思います。図3-7はスケジュールの一例です。スケジュール策定の段階で、どういったプロセスで価格検討を進めていくのかや、社内で情報提供すべき相手やタイミングの設計、社内外の複数関係者との調整の検討など、計画の裏にあるリアルな変更対応をイメージできるかが鍵になります。

担当者設定

次は、計画したスケジュールを誰が実践するのか、担当者を決めましょう。コンサルティング会社や調査会社など、外部のベンダーを入れる場合ここで体制に含めた方がいいでしょう。ここでのポイントは、アサインするメンバーの役割を明確にすることです。プライシングでは、価格の最終決定や、調査の内容、価格の変更対象顧客など決めることが多く、「誰が何を決めるのか？」が明確にならず、意思決定ができないケースを散見します。図3-8のように、役割を明確にした体制構築が重要になります。必

図3-7　**価格変更スケジュール（一例）**

	1月		2月		3月		4月	
	前	後	前	後	前	後	前	後
価格変更要件整理	価格変更プロジェクト計画策定				価格調査要件整理		価格調査実施	
	ヒア各部署リング		変更対象決定					
			変更時期決定					
変更への社内対応					社内への情報共有			
変更への社外対応								

要な役割は大きく分けて「価格検討者」「最終決定者」「調査・分析実行者」の3つになります。

最終決定者

　最終決定者は、議論を尽くした上で、最終的にはこの人物が意思決定をします。最終決定者にはCEOがなることを強く推奨します。第1章で価格は利益の因数の1つであると言及しましたが、だいたいはコスト削減か、数量を伸ばすことに集中しているのが現状です。コスト削減は内部的なものなので効果が分かりやすいですし、数量を伸ばすことで顧客が否定的な反応を示すことはほとんどありません。一方、価格を上げる取り組みは顧

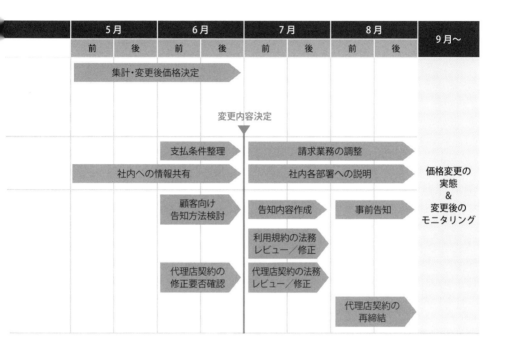

	5月		6月		7月		8月		9月〜
	前	後	前	後	前	後	前	後	

集計・変更後価格決定

変更内容決定

支払条件整理　　　請求業務の調整

社内への情報共有　　　社内各部署への説明

顧客向け
告知方法検討　　告知内容作成　　事前告知

利用規約の法務
レビュー／修正

代理店契約の
修正要否確認　　代理店契約の法務
レビュー／修正

代理店契約の
再締結

価格変更の
実態
&
変更後の
モニタリング

図3-8　**よくある役割分担・体制図**

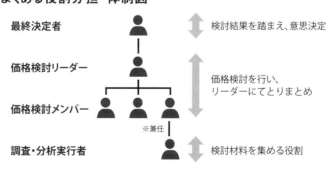

最終決定者　　　　　　検討結果を踏まえ、意思決定

価格検討リーダー　　　　価格検討を行い、
　　　　　　　　　　　　リーダーにてとりまとめ

価格検討メンバー

※兼任

調査・分析実行者　　　検討材料を集める役割

複数人での価格検討を一人が取りまとめ、最終決定者と会話する

客から否定的な印象を受ける場合もありますし、成果も間接的です。大抵の場合これが理由で、価格を動かすことを敬遠します。私はそういった経営者に何人も会ってきました。

　何度も繰り返すようにプライシングは利益に直接影響し、大きなアップサイドが存在している分野です。さらには事業の方針にも影響する分野です。「値決めは経営」と言われるように、トップがプライシングにコミットする姿勢を持ち、高い優先順位で取り組むべきではないでしょうか。

価格検討チーム（リーダー ＋ メンバー）

　価格検討者は、意思決定に必要な検討材料を取りまとめたり、他部門との調整役となり各業務を依頼するなど、プロジェクトをリードする役割全般を担います。そのため、業務量に応じてリーダーを立て、配下に複数名をアサインするものいいでしょう。

　中でも、価格検討リーダーは、なるべく経営企画のような、各部門の価格に対する意見や要望を俯瞰（ふかん）できる目線を持ち、かつ経営レイヤーの意思決定にしっかりと寄り添える気質の人物であるべきです。与えられたKPIや業務の中で向き合っている対象に応じて、各部門の価格に対する思想は大きく変わります。そのため、俯瞰した目線と経営レイヤーとの相性が重要なポイントになります。

調査・分析実行者

　調査・分析実行者は、価格調査を実際に行い、結果を分析します。価格検討メンバーが兼任するケースが多いです。調査・分析実行者が顧客にアンケートを実施する場合、顧客との接点がある営業部門やCS部門、データ分析には分析にたけたマーケ部門や、分析部門がアサインされるケースが多いですが、特に正解はありません。一番業務を進めやすい人材をアサ

インするのがいいでしょう。

ダイナミックプライシング

近年、収益最大化を達成する新たな技術（厳密にいうとその歴史は長かったりするのですが）としてダイナミックプライシングに注目が集まっています。また、ダイナミックプライシングのメリットから、導入を試みる企業が増えているのですが、安易に導入すると失敗するリスクが高い代物でもあります。皆さんの関心が非常に高い分野ですし、ダイナミックプライシングで失敗しないためには目的設定が重要になるので、ここで解説することにします。

ダイナミックプライシングとは

そもそも、ダイナミックプライシングとは、高頻度で価格を変更する仕組みを指します。言葉を分解すると、「ダイナミック」とは「動的」と訳され、何かが時間とともに変動する状態を意味します。一方、「プライシング」とは、商品やサービスの値付けのことを指し、マーケティングで重要とされる「4P（Product：製品、Price：価格、Piace：流通、Promotion：宣伝）」の1つです。私たちは日常生活において多くの場合、商品・サービスの価格が発売時当初から一定であるものを享受しています。一方、ダイナミックプライシングは、ITツールを駆使して、高頻度での価格変更を実現させています。

ダイナミックプライシングの概念を理解するには、そもそもプライシングの基本を知る必要があります。商品・サービスの売り上げは、「価格」と「販売量」の2つが組み合わさって決定される（売り上げ

曲線）のに対し、販売量は価格に応じて、反比例"的"に決まります（価格曲線）。図3-9です。価格曲線に販売量を掛け合わせた「売り上げ曲線」の最大化の実現がプライシングの基本です。ダイナミックプライシングは、このプライシングの基本に、需要と供給を組み合わせて、機会損失の最小化の実現を目的としています。

図3-9 **価格曲線と売り上げ曲線**

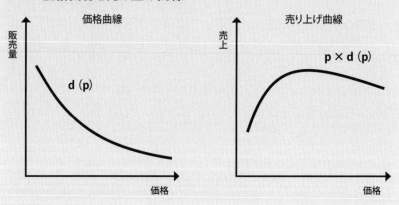

　数量と価格による需要曲線を仮定したとき、一定価格での販売では機会損失（**図3-10の三角形の部分**）が多く生まれます。一方、ダイナミックプライシングの実現は、需要に応じて価格を変動できるため、機会損失を減らすことができます。需要が多く供給が間に合わない場合は価格を高くし、それでも購入する顧客に絞りつつ、収益を最大化します。一方で、供給が多く在庫処分または機会損失が発生する場合は価格を低くし、購入者数を増加し、売り上げ向上を図ります。ダイナミックプライシングでは、このような戦略が可能となります。ピンと来た方もいると思いますが、前述した一物多価の発想です。

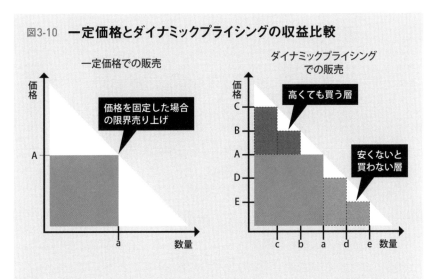

図3-10 **一定価格とダイナミックプライシングの収益比較**

つまりダイナミックプライシングの最大のメリットは「需要に基づいた収益最大化」です。図3-10は価格とその価格で販売できる数量を示したものです。この図を用い、改めて収益最大化のポイントを解説します。図3-10の左側は通常の価格設定、つまり一定価格での販売です。価格はA円に固定され、この価格での最大の販売数はaになります。そのため、最大売り上げはA円×a個で、売り上げは四角形の部分になります。全ての状態において、予測する最大の販売数aが販売できるのであれば、問題はありません。しかし、実際に商品・サービスの需要は一定ではなく、変動するものです。そのため、「需要が大きいとき」は、実際に得られたはずの収益を逃します。つまり在庫不足が発生するということです。一方で、「需要が小さいとき」は、販売数が減少します。在庫が余るということです。つまり、一定価格では、需要が大きいときには収益を、需要が小さいときには価格を下げれば獲得できたであろう顧客を逃してしまうのです。

一方、ダイナミックプライシングによる価格設定（右図）では、価格をＡ円だけでなく、Ｂ・Ｃ円のような値上げ、Ｄ・Ｅ円のような値下げを実施できるため、需要の変動や供給の状況に応じた収益最大化が可能になります。「需要が大きい、または供給不足と判断されるとき」は、価格を上げ、その値段でも購入する層からより多くの利益を得られます。また、飛行機の座席など供給が限られる場合は、需要の集中を抑え、需要が小さいときに購入するよう促すことになり、全体の収益を最大化させることができます。一方、「需要が小さい、または供給過多と判断されるとき」は、値下げを実施し、新規顧客・見込み顧客を流入させ、販売数を増やすことができます。これにより、収益が増え、在庫をスピーディーに処理できるというメリットだけではなく、一定価格制では価格が高いゆえに商品に見向きもしなかった顧客に、自社製品を知ってもらえるというマーケティング的価値もあるのです。つまり、ダイナミックプライシングでは、一定価格制のもとでは失っていた、本来需要変動により生まれる「定価より高価での販売機会」「価格を下げれば獲得できたであろう販売機会」を逃さずつかみ、収益の最大化を実現できるのです。

ダイナミックプライシング成功の条件

　一般的にダイナミックプライシングはホテルや航空券など、キャパシティーつまり販売可能な数量に上限のあるビジネスとの相性が良いとされています。コロナ禍でダイナミックプライシングという言葉が流行したのは、来店制限などの影響から多くのビジネスにキャパシティーが生まれたためです。

　以前海外の大手飲料メーカーが、自販機でダイナミックプライシ

ングを導入したことがあります。暑い日はジュースの値段を高くし、^{※14}そうでない日は安い値段に設定するといった施策です。しかし、この施策は顧客からの評判が悪く、炎上した末にプロジェクトは頓挫してしまったようです。このことからダイナミックプライシングの抱える弱点が分かるのではないでしょうか。それは、同じサービスにもかかわらず価格が変化することについて、顧客は納得しにくいということです。つまり、付加価値が変わらない状況で販売すると、同じ商品を高く買ってしまい「損した人」と、安く買うことができた「得をした人」が存在し、最安値で購入することができた顧客以外（ほとんどの顧客）にとっては、受け入れ難い事実となるのです。そう考えると、ほとんどのビジネスにおいて相性が悪いことは自明です。つまり、ダイナミックプライシングが流行しているからといって、むやみに導入すると、失敗する可能性が高いといえます。

　それでは、なぜホテルや航空券の販売ではうまく機能しているのでしょうか。機能している理由として次の 2 つが挙げられます。1 つ目は「もともとそういう文化があったこと」です。レベニューマネジメントという言い方で、古くからホテル業界や航空業界ではダイナミックプライシングのような手法が使われてきました。そのため、顧客も慣れてしまい理解しやすいのです。2 つ目は「価格が変動しても、付加価値として受け入れられるから」です。旅行を例に考えてみましょう。ホテルなどの予約が埋まっており、自分は予約をすることができず、旅行体験が台無しになったという経験をしたことがある人は多いのではないでしょうか。これは、事前に高いお金を支払ってでも予約をすることで解決できます。言い換えると、早い時間に予約をすることで精神的な安定が得られます。これが消費者にとって付加価値と認識され、受け入れられているのです。キャパシティ

一のあるビジネスでは総じてこのようなことが当てはまります。つまり、時間の変化に伴って価格を変えても、高く支払う人にメリットを与えることができるということです。

　もちろん、キャパシティーのないビジネスにダイナミックプライシングを導入すると必ず失敗するといっているわけではありません。本章の目的設定で説明したような価格を変える目的とダイナミックプライシングのメリット・デメリットが合致した場合、うまくいくこともあります。結局、プライシングでは「目的設定」が非常に重要になってきます。結局のところダイナミックプライシングを通じて、「事業をどうしたいのか」という事業レイヤーでの目的が実現できるかが重要ということです。ダイナミックプライシングはあくまで手段であり、それが「目的」になってしまうと、失敗する可能性が高いと言えるのではないでしょうか。

第 3 章 の ま と め

1. **プライシングは以下のステップで進む**

   a. STEP0 目的設定・価格仮説立案、STEP1 調査要件定義、STEP2 アンケート作成・配信、STEP3 分析実施、STEP4 意思決定、STEP5 実行

2. **STEP0 目的設定・価格仮説立案**

   a. 目的を事業・プライシングレイヤーそれぞれで設定する

   b. プライシングレイヤーの目的に優先順位をつけることにより、事業レイヤーの目的達成を実現することが可能になる

3. **STEP1 調査要件定義**

a. 要件定義の前提として、「調査の実施は、アンケートを利用する」ことがある

b. しかし、アンケート調査は、その難易度の高さ故に生まれた失敗体験から、アンケート調査自体が使えない行為と認識されることがある。しかし、アンケート調査はプライシングにおいて非常に有用であることを認識する必要がある

4. STEP2 アンケート作成・配信

a. 分析業務(データクレンジングなど)の工数が可能な限り少なくなるようなプライシングツールを利用することが推奨される

5. STEP3 分析実施

a. 顧客属性に絞り、購買人数や売り上げの推計、また解約する顧客属性の分析などを通じて要点を明確化することが重要

b. 分析中に、他にも調査したい事が出てくることが多いが、要件定義時に策定した意思決定に必要な情報に基づき判断することで不要な追加調査を削減することができる

6. STEP4 意思決定

a. STEP0、STEP1にて明確化した目的、優先順位、要件に基づき意思決定する。この際に「売り上げも、顧客数も両方最大化させる」というような二兎追うことはせず、優先順位に基づき判断することが重要

脚注

※12 KDDI株式会社［2022］『【5月16日解消】お申込み集中により、ご本人様確認にお時間を頂戴していた状況について』https://povo.jp/news/newsrelease/20220514_01/?activePage=3&newsTab=important

※13 総務省［2022］『電気通信サービスの契約数及びシェアに関する四半期データの公表』総務省

※14 Constance L.［1999］『Variable-Price Coke Machine Being Tested』. The New York Times, David L.［2005］『Why Variable Pricing Fails at the Vending Machine』. The New York Times

第 **4** 章

調査

第4章から第6章では第3章で解説したプライシングのプロセスの各項目についてより詳しく見ていきたいと思います。第4章はアンケート調査にフォーカスして解説します。

調査仮説の策定

アンケート調査で失敗しないためには、良い調査仮説を立てる必要があります。価格の調査に限らず、仮説なしには調査はできません。仮にこの調査仮説を立てずに調査を行なってしまうと、様々な可能性が考えられるため、膨大な情報を広く浅く収集するしかなくなります。そのため、本当に調査したい事項が絞り込めず、不必要に設問数が増加したり、必要なデータサンプル数が膨大になります。これでは、調査が非現実的となったり、分析工数が肥大化することにより意思決定スピードが低下したりするといったリスクにつながります。「何でもやりたい！」では「何もできなかった……」につながり得るということです。

調査仮説のゴールは「支払い意欲の差が生まれそうな変数の候補を洗い出せること」に加え、「事業レイヤーでの目的達成に資すると思われる価格変更内容のアテをつけること」になると思います。そこでつけたアテ（＝仮説）を検証するための調査です。その際、顧客像と価格体系の観点から調査仮説を立てます。

顧客像の仮説

まずどのような特徴の顧客であれば、より多くの金額でも出してくれそうか（支払い意欲が変わりそうか）を考えます。例えば、BtoC のサービ

図4-1 **顧客像の仮説を立てるポイント**

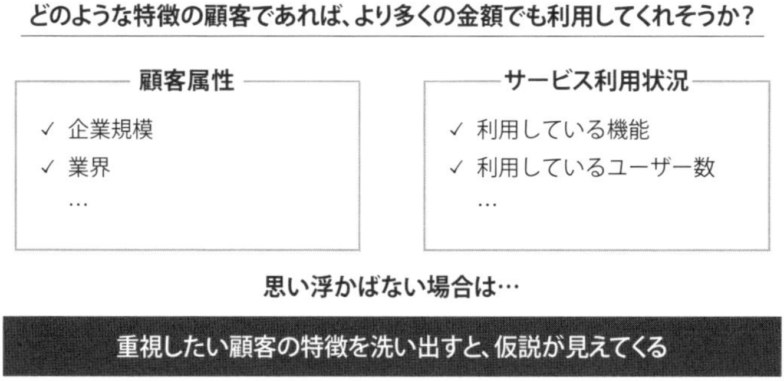

どのような特徴の顧客であれば、より多くの金額でも利用してくれそうか？

┌─── **顧客属性** ───┐ ┌─── **サービス利用状況** ───┐
✓ 企業規模　　　　　　　　　　✓ 利用している機能
✓ 業界　　　　　　　　　　　　✓ 利用しているユーザー数
　…　　　　　　　　　　　　　　…

思い浮かばない場合は…

重視したい顧客の特徴を洗い出すと、仮説が見えてくる

スの場合、性別や年収、居住地や趣味嗜好などの顧客属性、利用している機能や、購買の頻度などサービスの利用状況、BtoBのサービスの場合、売り上げや従業員数などの企業規模や業界といった顧客属性、利用している機能やアカウント数といったサービスの利用状況などです。ネットフリックスのケースでは、試聴しているデバイスもありました。これらの要素はサービスによって様々です。そのため、慣れないうちはなかなか候補を出す難易度が高いのですが、重視したい顧客像の特徴を洗い出すと、仮説が見えやすくなります（**図4-1**）。

価格体系の仮説

　次に、洗い出した顧客像に対して、定額課金や従量課金といった適切と思われる価格体系を準備します。例えば、「使った分だけお金を支払う」従量課金を検討している場合、課金軸の利用量に比例して支払い意欲が変わるのかを調査する必要がありますが、検討していない場合はそれを調査する必要がないからです。参考までによく採用される価格体系を紹介しま

す。また、これらの価格体系は、組み合わせて使う場合もあります。

単一価格

　単一価格とは、サービスに対して料金体系が1つという最もシンプルな価格体系で、全ての顧客に対して単一の製品・機能・価格で提供します。単一価格の最大のメリットは1つのサービスに対して、1つの価格体系というシンプルさから「サービス価値を顧客に伝えやすく売りやすい」ということが挙げられます。サービスを購買する顧客は、複数のプランがある場合よりも意思決定が容易で、このことから、新規顧客の獲得の増加にもつながりやすくなります。一方で単一価格は、当たり前ですが1つのプランしか用意されていないため、幅広いユーザーのニーズに応えることが困難になるというデメリットが存在します。そのため、顧客の層を狭めてしまい、本来獲得できていたはずの収益を逃す可能性があります。前述した一物多価とは逆の現象が起きてしまうのです。

定額課金

　定額課金は期間ごとの定額料金を設定する価格体系です。シンプルが故に、顧客が価格を理解しやすく、また事業ニーズの検証がしやすい特徴があり、特に初期のサービスで有効な価格体系です。定額課金も単一価格と同様、幅広いユーザーのニーズに応えることが困難になるというデメリットが存在します。そのため、売り上げ向上には工夫をこらす必要があります。

機能別料金

　機能別料金は、利用できる機能に応じて料金が変わる価格体系です。利用ニーズに合わせてプランを設計する必要があります。機能別料金は「一

物多価」での販売になるため、単一価格や定額課金と比較し、収益を上げやすい構造になります。また、顧客がプラン変更することでアップセルが望めるという特徴もあります。

従量課金

従量課金は"量"に"従"って課金する、価格体系の1つです。顧客目線だと「使った分だけお金を支払う」仕組みといえます。一言で"量"といっても顧客のアカウント量に従う「アカウント別従量課金」と顧客の利用量に従う「利用従量課金」があります。

アカウント別従量課金

アカウント別従量課金は、複数ユーザー前提かつ、アカウント別で保存される内容が異なるサービスに有効です。サービス提供者はアカウント数ごとに料金を設定します。アカウント別従量課金は、利用アカウント数の増加に比例して単価がアップするという特徴もあります。

利用従量課金

利用従量課金は、良くも悪くも顧客に左右される特徴を持ち（利用されればされるほど単価が高く、利用を抑制されると単価が低くなるため）、粘着度が高いサービスで特に有効です。料金が顧客の利用量に比例するため、透明性が高く、フェアな価格体系とされていますが、顧客が料金を抑えるために利用を控えるリスクをはらみます。またBtoBのサービスの場合、料金の予測が立てづらいため稟議が通りにくいという傾向もあります。

従量課金の種類

また従量課金には図4-2のように金額の上がり方が異なる4つのパター

図4-2　従量課金のパターン

従量課金の種類	イメージ	メリット	デメリット
完全従量課金		・ユーザーが使った分だけ支払うので、価格の納得感を得られやすい	・毎月の請求額が大きく変わる可能性があり、売上の見通しが立てづらい
超過従量課金		・利用量が少ないライトユーザーからの売上を確保できる ・利用量の多いヘビーユーザーの単価を増加させられる	・超過する前に利用を控える可能性がある
段階従量課金		・完全、超過従量課金ほど利用を控えない ・毎月の支払金額に下限があるため、売上の見通しが立つ	・下位プランが選ばれやすい傾向にある
超過定額課金		・利用量が多いが支払い意欲が低い顧客層が多い場合でも、顧客数を確保できる	・支払い意欲が高い顧客の売上を毀損する可能性がある

ンがあります。

完全従量課金

　完全従量課金は、ユーザーが使った分だけ支払うので、価格の納得感を得られやすいメリットがあります。ただし、毎月の請求額が大きく変わる可能性があり、売り上げの見通しが立てづらいデメリットがあります。

超過従量課金

　超過従量課金は、利用量が少ないライトユーザーからも最低限の売り上げを確保できます。また、利用量の多いヘビーユーザーの単価を増加させることも可能です。一方で、超過する前に利用を控える可能性があります。

段階従量課金

　段階従量課金は、顧客が完全従量課金や超過従量課金ほど利用を控えないメリットがあります。また、毎月の支払金額に下限があるため、売り上

げの見通しが立つのも特徴です。一方で、下位プランが選ばれやすい傾向
にあるため、プラン設計が肝になります。

超過定額課金

　超過定額課金は、利用量が多いが支払い意欲が低い顧客層が多い場合で
も、顧客数を確保できます。一方で、支払い意欲が高い顧客の売り上げを
毀損する可能性があります。

　価格体系の特徴ごとにメリットとデメリットが存在することは前述の通
りです。これは、サービスの提供価値に応じて、適した価格体系が異なる
ということです。例えば利用する量に比例して顧客へのインセンティブが
増加するサービスでなければ従量課金は成立しません。調査仮説を立てる
際は、価格変更後の価格体系をイメージしておき、それを検証する形で調
査を行っていくのがポイントです。

アンケート設問を考える
（支払い意欲調査・属性調査）

　次に、顧客像や価格体系の仮説をアンケート調査で検証するために、そ
の設問を検討します。設問には支払い意欲を調べる「支払い意欲調査設問」
と顧客の属性を調べる「属性設問」の２種類があります。分析の段階では、
これらの「支払い意欲調査設問」と「属性設問」で得られた情報を突合し
て分析していきます。

　まず「支払い意欲調査設問」では、いくらだったら顧客は買ってくれる
のか、高いと思うのか、安いと思うのかなどを調べるのですが、これらは

1-1. Netflixのご利用されているプランの月額料金について、あなたが高いと感じ始める
　　 金額はいくらくらいですか？
　　 ___半角数字___ 円

1-2. Netflixのご利用されているプランの月額料金について、あなたが安いと感じ始める
　　 金額はいくらくらいですか？
　　 ___半角数字___ 円

1-3. Netflixのご利用されているプランの月額料金について、あなたがこれ以上高いと検
　　 討に乗らない金額はいくらくらいですか？
　　 ___半角数字___ 円

1-4. Netflixのご利用されているプランの月額料金について、あなたがこれ以上やすいと
　　 品質や効果に不安を感じる金額はいくらくらいですか？
　　 ___半角数字___ 円

PSM分析などの分析を活用し、実施していきます（これら調査手法の概要や実施方法、比較については第8章で解説します）。支払い意欲調査設問に関してはテンプレートがありますので、容易に設計が可能です。

　次に「属性設問」は、「支払い意欲の差」を特定するための情報を取得する設問です。「支払い意欲が高い層は○○のような特徴がある」「支払い意欲が低い層は○○のような特徴がある」といった仮説を検証するために、この○○の部分を属性調査で調査します。例えば「支払い意欲が高い層は年収が高い特徴がある」という仮説があれば、年収が高いか低いかが分かる設問を加えるといった具合です。またこのように高い/低いといった対比の情報もあれば、どれくらい（毎週・月に一回・年に一回など）○○したといった頻度の情報、業界A、業界B、業界Cといった並列の情報もあります。さらには、上記で検討した価格体系仮説を検証することも忘れて

図4-4 **属性質問（一例）**

に関しては、支払い意欲の差を生みそうな、同居人数（購入アカウント数が変わるかもしれないという仮説）、視聴デバイス（大きな差が出たことは1章でご紹介した通りです）、利用時間（利用量に基づき、支払い意欲が上がるのかを検証するため）などを把握するための設問を入れました。また実際にお金を払っているか、現在どのプランに加入しているかによっても、支払い意欲は変わるので、分析の際に振り分けられるように情報を取得しています。

　ちなみに、既存顧客の登録情報や利用データを参照することができ、それが属性設問で取得したい情報と同一の情報である場合、属性調査は不要になります。

調査対象選定（誰に）

　アンケート設問が完成したら、調査の対象を選定します。アンケート調査の対象は、潜在顧客または既存顧客のどちらか、またはその両方に対して行います。ちなみに潜在顧客とは、（調査の対象となる）商品・サービスの存在を知れば（あるいはその必要性を感じさせることができれば）購入してくれる見込みのある人々のことを指します。潜在顧客への調査は、調査会社を活用するのが一般的です。そのため既存顧客を対象とした場合とは違い、調査費用がかかるため注意が必要です。

　新規事業の値付けの場合は、既存顧客が存在していないため、潜在顧客を対象に調査を行うほかないのですが、既存商品の価格改定の場合、既存顧客を対象にした調査が基本となります。というのも自社製品の価値を最も理解しているのが既存顧客だからです。ただし、既存顧客にはないペルソナの顧客を獲得するためのプランや価格設定などを検討している場合は

潜在顧客を対象に調査をするか既存顧客と組み合わせるのがいいでしょう。

　意外に思うかもしれませんが、ここでのポイントは調査対象を絞り込みすぎない点です。というのも顧客属性の仮説が外れていた場合、集めた全てのデータが無意味となり、リカバリーすることができないためです。そのため、複数の顧客属性に対し、アンケート調査を実施し、仮説Aが外れたら、仮説B、Cを検証する、といったことができるようにしておくと良いでしょう。

調査実施

　設計した調査を実施します。調査要件の精度が高ければ高いほどここで行うことはほとんどないため、特別ここで紹介する論点はありませんが、調査の進捗を定期的にモニタリングして、アンケートの回収状況が良くない場合はリマインドの連絡をする、配信していない別の顧客にもアンケートを配信する、など、スケジュールに支障が出そうな事態に対する打ち手の検討はしておくといいでしょう。

　特筆すると、調査を実施する前にいま一度、プライシングの目的およびその目的をどのように実現するかと、ずれた設問設計になってはいないかを確認する方がいいでしょう。調査仮説を考え、そのための設問を考える過程で、いろいろな想像が膨らんでいきます。それらは非常にワクワクするものも多く、知りたいことが増えていきます。しかし、その結果、本来の調査目的とずれた設問になる失敗がよく生じます。

第 4 章 の ま と め

1. STEP1 重視したい顧客像の特徴を洗い出し、顧客像の仮説を策定する

2. STEP2 顧客像（仮説）が課金する判断基準およびその金額が変わる判断基準の仮説を作成し、その基準に基づき価格体系を選定する

3. STEP3 支払い意欲調査を行う「支払い意欲調査設問」と顧客の属性調査を行う「属性設問」の2種類の質問で構成したアンケートを作成する

   a. 「支払い意欲調査設問」では、いくらだったら顧客は買ってくれるのか、高いと思うのか、安いと思うのかなどを調べる

   b. 「属性設問」では、「支払い意欲の差」を特定するための情報、つまり、支払い意欲が変わるペルソナを明確化するための質問を用意する

4. STEP4 複数の顧客属性を含めることで、仮説の修正に柔軟に対応できる調査対象を定義する

5. STEP5 調査を実施する。またこの際には必要なデータ数が集まるように、必要に応じてリマインドや追加調査を実施する

第 **5** 章

分析

第5章では、私たちがよく活用しているいくつかの分析手法と、その分析結果を基にどのように意思決定をすればいいか解説します。ここまで来ると、プライシングはいよいよ大詰めといったところです。

　そもそも「良い分析」とはどんな分析でしょうか。プライシングという観点で言えば「意思決定ができる分析が良い分析である」と、私は考えています。

　もし「高度かつ複雑な分析」を是とするのであれば注意が必要です。高度かつ複雑な分析方法は、分析工数が膨大になることから、調査・分析に時間を要し、意思決定が遅れる可能性があります。また、分析結果の解釈が難しくなり、意思決定まで落とし込めなくなるリスクすらあります。あくまでも解きたい課題を解くために、どの分析手法を選ぶのが最短経路なのかを意識するといいでしょう。

図5-1　**価格分析に使用する手法**

	PSM分析	CVM分析	箱ひげ図	
目的	商品を販売するのに適切な販売価格帯を知ること	ある価格を提示したとき購入意思のある顧客者の割合を知ること	定性的な支払い意欲差を生む要素を特定したい	
アウトプット	最適価格と受容価格帯	ある価格を提示したときの消費者の購入意思	定性的な支払い意欲差を生む要素の比較	
注意点	・交点の信憑性に欠ける。顧客属性ごとに集計し、購買人数の推計をかける必要がある ・支払い意欲差を考慮した分析対象に絞って分析する必要がある	・提示した価格に結果が左右される ・支払い意欲差を考慮した分析対象に絞って分析する必要がある	―	

分析に使う手法について

　分析に使用する手法を整理すると図5-1のようになります。ご覧の通り「これが最も優れた分析手法だ」というものがあるわけではありません。それぞれの手法に強みと弱みがあり、利用に適しているシーンがあります。検証したい仮説を明確にし、適切な分析手法を選び、組み合わせて分析する必要があります（具体的な計算式や実施方法は第8章にて解説します）。

シナリオの検討

　これらの分析手法を駆使し「○○円が顧客最大価格」「○○円が売り上げ最大価格」「○○という特徴のある顧客は払い意欲が高い」などのファクトを集めていきます。それぞれのファクトを組み合わせて、価格変更

	散布図	Split testing Pricing	EVC Analysis
	ある変数の支払い意欲差が量によってどれだけ変わるのかを把握したい	ある価格を提示したときの、顧客の反応を知ること	製品の経済的な価値を知ること
	定量的な支払い意欲差を生む要素の比較	ある価格に対する購買率	EVCを勘案した販売価格
	―	・A／Bテストでは相対的な価格評価しかできないこと ・販売数と利益の優先度については、戦略検討が必要であること ・誤ったやり方で行うと倫理的・法的問題になりかねないこと	EVCは合理的であるが、販売価格を決める際の根拠に乏しい

のシナリオを構築し、その中からプライシング戦略を選択します。第3章でも触れましたが、ここで実施するのは、「事業がどうありたいのか」といった事業レイヤーでの目標を達成するために「どのようなプライシング戦略でそれを実現するのか」といったプライシングレイヤーでの目的を達成する価格はどのシナリオなのかを選んでいく作業です。何度も書いてきた通り、答えは1つではありません。

　ここでは、事業ステージごとの価格の選択で最も基本的な「売り上げ／利益」と「顧客獲得」のどちらを優先することが多いのかについて、PPM（プロダクト・ポートフォリオ・マネジメント）というフレームワークに沿って考える方法をご紹介します。もちろん、あくまでフレームワークですから、事業の戦略や方針によって選択すべき価格は異なります。あくまで参考として紹介できればと思います。

PPMを活用したフレームワーク

　プロダクト・ポートフォリオ・マネジメントは、「市場成長性」と「市場における相対シェア」の2つを軸にした4象限に事業をプロットする手法で、各象限で取り得る価格戦略を判断することができます（図5-2）。

問題児：成長率高・シェア低
　自社の事業が育成段階にある「成長率高・シェア低」の「問題児」の場合、この事業はシェアをより獲得していくべきステージにあります。この場合、顧客最大となる価格を設定する戦略が有効です。

花形：成長率高・シェア高

図5-2 **PPM分析を活用したフレームワーク**

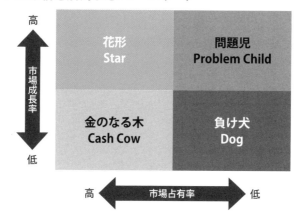

　自社の事業が現在の取り組みを維持・継続する段階にある「成長率高・シェア高」の「花形」の場合、この事業は参入障壁をつくるステージにあります。花形事業の場合、自社の事業戦略に照らして顧客最大か利益最大のいずれかで参入障壁を設けるかを決定することができます。この場合、取り得る価格は顧客最大価格もしくは利益最大価格の2つが考えられます。顧客最大価格の場合は、顧客最大となる価格を設定して顧客を囲い込み、販売数を上げることで製品1つ当たりのコスト効率を高め、参入障壁を築く戦略です。一方、利益最大価格を設定することで得た収益を製品に投資し、差別化要因を強化して参入障壁を築く戦略もあり得ます。

金のなる木：成長率低・シェア高

　自社の事業が「成長率低・シェア高」の「金のなる木」の場合、この事業は収益回収のステージにあります。利益最大の価格を設定し、他事業に投資するための資金回収を行う戦略が有効です。

負け犬：成長率低・シェア低

　自社の事業が「成長率低・シェア低」の「負け犬」の場合、この事業は撤退・放置のステージにあります。価格変更のインパクトが価格変更のリスクとコストに見合わないため、価格は現状維持が推奨されますが、自社の別の製品とのシェアの奪い合い（カニバリズム）が発生している場合には、価格変更を行い他事業への負の影響をなくすことが推奨されます。

第 5 章 の ま と め

1. あくまで「意思決定ができる分析」を目指す。決して「高度かつ複雑な分析」を是としてはいけない

2. 分析手法はいくつかあり、それぞれの強み・弱み、適した利用シーンを考慮して選定する

3. 分析結果を基に、複数の価格改定のシナリオ案を作成する。 その際にPPMのフレームワークは参考になる

第 **6** 章

実行

意思決定が終わったら、後は実際に価格変更を実行するフェーズに移ります。実行では「PR」「販売代理店」「規約周り」「開発」あたりがネックとなるケースが多いので、第6章では、それぞれのポイントについて解説します。

PR設計・PR実施

　PRに関しては「顧客に納得してもらうこと」が必要条件ですが、明確な型はありません。そこで、顧客の値上げに対する反応が良かった事例を見ながら、成功パターンを考察しようと思います。

　また、PRとは少し離れた話になりますが、

・既存顧客に対しては価格を据え置き、新規顧客にだけ価格改定を実施する
・既存顧客の価格改定は、一定期間を設けてから実施する
・カスタマーサポート／カスタマーサクセス／営業がしっかり説明に行く

　などの、工夫も「顧客に納得してもらうこと」につながります。あくまでも、顧客の納得のいく範囲内での価格にすることが前提になりますが、このような工夫をすることで顧客の価格変更に対するネガティブな印象を極力減らすことも重要です。

事例紹介⑨：ローソンの「からあげクン」

　1つ目の事例はローソン「からあげクン」です。からあげクンの値上げの告知は、36周年の2022年4月15日に行われました（価格改定自体は同年5月31日）。SNS、自社ニュースリリース、ファンクラブサイトにおいて異なる形式での告知を実施し、それぞれの告知には次の3つの特徴が見られました。

　　・発売36年を伝える
　　・感謝の気持ちを伝える
　　・増量キャンペーンを伝える

　そして、それぞれの特徴ごとに、「実施したこと」と「反響」を整理すると次のようになります。

①発売36年を伝える（SNS、ファンクラブサイト、ニュースリリース）

　実施したこと：どの告知にも「発売36年」「36年間」というワードがタイトルおよび冒頭で利用されていた。

　反響：ツイッター上で「36年」に関連した書き込みが複数見られた。またメディアにおいても「36年」という言葉と共に報道されることが多かった。

②感謝の気持ちを伝える（SNS、ファンクラブサイト）

　実施したこと：36年間の感謝を伝えるところから文章が構成されている。

　反響：ツイッター上では、ポジティブな反響が複数見られた。

③増量キャンペーンを伝える（ニュースリリース、その後のツイッター）

　実施したこと：価格改定前の2022年4月26日（火）から同年5月9日（月）までの2週間、1個増量キャンペーンを実施。

　反響：SNS上では値上げだけでなく、増量キャンペーン情報も併せて投稿された。メディアにおいても、増量キャンペーンを同時に伝える報道が見られた。

　これは、値上げというネガティブな情報だけでなく、過去・現在・未来に対して、良い情報を組み合わせて伝えることができていたことがポイントだと私は思います。

図6-1　ローソン公式の「からあげクン」の値上げの告知

図6-2　ローソン公式の「からあげクン」の増量キャンペーンの告知

ローソンがからあげクンの値上げを発表した際に取ったコミュニケーションでは、現在・過去・未来のそれぞれに対し、ポジティブな情報も発信している

　まず①の「発売36年を伝える」ですが、単なる値上げにとどまらず、自社が行ってきた歴史（過去）を伝えることで、消費者に対して今まで多くの価値を生み出してきた事実を伝え、価格変更後（未来）も「良い商品を作りつづけることを消費者に想起させる」ことができていた可能性があります。

　また②「感謝の気持ちを伝える」に関しても、こういった値上げのリリースの際には過度な謝罪を行う企業が一般的ですが、今回のように、まず今までの感謝の気持ち（現在）を伝えるリリースは、「今後も応援しようという気持ちを強める」ことができる可能性があります。

　③「増量キャンペーンを伝える」に関しても、1個増量キャンペーンを実施すること（良い情報）を値上げのニュースと同時に発信することで、消費者にとって損をする情報だけでなく、得をする情報を一緒に伝えています。これによりネガティブな気持ちが緩和されているのではないかと考えます。

　上記を見ると、ネガティブな情報だけでなく、過去・現在・未来に対して良い情報を組み合わせて伝えることが非常に重要だということが分かります。これは値上げの際の告知に使える1つの成功パターンといえるのではないでしょうか。

事例紹介⑩：Evernote

　2つ目にご紹介する事例は「Evernote（エバーノート）」です。エバーノートはノートを取るように情報を蓄積する、パソコンやスマートフォン向けの個人用ドキュメント管理システムともいえるサービスです。今回紹介するエバーノートの値上げは2016年6月29日に実施されたものです。このときの値上げのPRは、「次世代のEvernoteを作るために」というテ

ーマのメッセージがあり、値上げをする意図と、良いサービスにするために
しっかりサービスに投資をしていくことを宣言しているのがポイントで
す。

　値上げのニュースリリースでは、冒頭で会社が1年間取り組んできたこと、
ビジネスの透明性の宣言、価格改定におけるポリシーを説明しています。
以下はリリース本文の引用です。

　"この 1 年の間に、色々な変化がありました。〜（中略：1年間の
アップデートの内容）〜これらのアップデートで確実に前進してい
ると考えていますが、私たちが目指す Evernote にはまだ近づいてい
ません。〜（中略）〜これから先も変わらないことが 2 つあります。
みなさんの生産性を最大限高めるためのお手伝いをすることと、弊
社のビジネスを可能な限り透明に運営していくことです。つまり、み
なさんに広告を見せたり、みなさんに関するデータを売ったりする
ことはしません。あくまで、良い製品を適正価格で提供するだけです。
従って価格調整を行う場合においても、その変更内容と理由、およ
びユーザのみなさんにどのような影響が生じるのかを具体的に説明
させていただきます。"

　"私たちは、価格プランの変更がみなさんに及ぼす影響をとても真
剣に考えており、ユーザのみなさんへの感謝の気持ちを忘れること
もありません。私たちの目標は、長期的に Evernote を改良し続ける
ことです。ユーザのみなさまの要望に応える新機能も随時実装しな
がら、主要製品をよりパワフルに、直感的に使えるようにすること
に引き続き投資してまいります。一方で、それを実行するためには
たくさんの労力と時間、そしてお金が必要になります。そこで、

Evernote に大きな価値を見出してくださる方には、私たちが必要な投資を行えるよう、ぜひ力を貸していただきたいと考えております。ひいては、Evernote 製品の利用体験をさらに進化させていきたいのです。"（引用ここまで）

単に自社の利益を追求するのではなく、顧客のためにサービス開発に投資していく。中長期的には消費者に絶対に後悔させない。エバーノートはリリースで、こんな熱い思いを正直に顧客に伝えています。

一般的には多くの起業が値上げの理由として外部要因（ほとんどがコストの増加）を挙げます。しかし、本来顧客にとってはコストは関係ありません。顧客にとって大事なことは、そのサービスが良いものかどうか、またさらに良いものになっていくのかどうかです。エバーノートはあえて、言い訳をせず、より良いサービスにするための投資をしていくという顧客とWin-Winになる方針を掲げ、それに向けた協力を仰いでいます。

このようなストレートな表現のリリースを見る機会はほとんどありませんが、顧客の応援を得ることによって「顧客に納得してもらうこと」ができる場合もあります。この本を執筆している2023年初春の段階では、まだこのようなリリースは少ないため、他社と差別化という意味合いにおいてもポジティブに作用するのではないでしょうか。

販売代理店、規約、開発に関する対応

多くはBtoBのサービスに限った話ですが、売り上げのほとんどが販売代理店経由で成り立っている企業ほど、価格変更を販売代理店が許容してくれないという壁に直面します。販売代理店が価格変更を許容しない理由のほとんどは、価格を変える（主に値上げ）と「売り上げが下がり、自社

（販売代理店）のフィーが下がるリスクがあること（ほとんどの場合が、販売実績による成功報酬型のため）」「価格変更に伴うオペレーション変更の工数をわずらわしく思っている」のどちらかで、前者のケースが特に多いです。

　そのため、価格改定により「売り上げが上がり、むしろフィーが上がる」という定量的なエビデンスを提示したり、Win-Winとなるようなより良い契約の座組みを提案するのが得策です。いずれにせよ、販売代理店がネックとなり価格変更ができないのは、事業として大きな機会損失のため、早めに解消したいポイントです。前もって価格変更を想定した契約にしておくのも手でしょう。

　続いて規約周りです。信じられないかもしれませんが、利用規約に価格変更を行わないこと（指定した期間や永年といったケースがある）を意味する内容が記載されており、価格改定を実施できないケースを数多く見ます。本書は法律の専門書ではないため、細かい言及は避けますが、利用規約が価格変更可能な内容になっているか、価格変更を検討している・いないにかかわらず確認しておくのがいいでしょう。利用規約に「価格変更を行わない」ことを意味する記載がある場合は、顧問弁護士や法務部門と連携し、対策を講じる必要があるでしょう。また、代理店契約にも同様の記載がある場合があるため、そちらも併せて確認することをお勧めします。

　特にインターネットを介したサービスに言える話ですが、価格が変わると請求する対象や金額、タイミングや、計測するべき情報（従量課金に変更する場合など）が変わります。過去に支援した企業のある大規模サービスでは、変更までに半年から数年の期間を要するケースもあったため、あらかじめ開発チームの工数を見積もり、リソースを確保しておくのがいい

でしょう。また、開発の論点が漏れたまま価格変更日を決めてしまい、スケジュールが遅延する事例も見たことがあります。抜けがちな論点ですが、事前に確認することをお勧めします。

ステルス値上げ

2022年11月、「サクマ式ドロップス」を販売する佐久間製菓が2023年1月20日をもって廃業することが明らかになりました。廃業に至った理由の1つが、多くのメーカーの頭を悩ませる原材料高です。

これまで価格競争力を高めるため、値引きや価格維持に固執してきたメーカーは、いわゆる"企業努力"でコストを吸収してきました。しかしコストが右肩上がりの現状では、メーカー側も値上げするマインドに切り替えなければ身を滅ぼしかねない状況といえるでしょう。

とはいえ、値上げへの転換には幾重ものハードルがあります。価格が上がれば、消費者の財布は痛みます。消費者の声に敏感に反応する小売りの存在も、メーカー側からすれば大きな懸念材料です。コスト上昇と値上げに対する反発の間で板挟みとなったメーカーの、苦肉の策として生まれたのが「実質値上げ（シュリンクフレーション）」です。

実質値上げとは、内容量を減らして価格を据え置くことで、価格は変わっていないように見せながら、量当たりの単価を値上げする方法です。これにより、消費者や小売りの反発を最小限にし、コストを売り値に転嫁することができます。

昨今、この実質値上げの中でも「ステルス値上げ」といわれる実質値上げが急増し、批判の的となっています。ステルス値上げは、実

質値上げの中でも、消費者側に告知をせず「こっそりと行う値上げ」を指す言葉で、それは、ステルス（英語: stealth）という単語が持つ「隠密」「こっそり行う」という意味からも明らかでしょう。

こっそりと行われる「ステルス値上げ」に対して消費者は不信感や反感を抱きやすく、暴露や炎上が世をにぎわす時代の中で、「企業は誠実であり潔白であるべきだ」という考え方が、より強まっているように思います。

現に大手コンビニエンスストアの弁当の内容量が大幅に減ったことを嘆く購入者のツイートが5.8万もの「いいね」を集め、メーカーに対する批判の声があふれたということがありました。一部には「仕方がない」と同情する声が挙がったものの、メーカー側から事前の発表がなかったこともあり、「セコい」「ずるい」といった意見が大半を占めたのです。中には「いっそのこと（純粋に）値上げしてほしい」といった声もあり、ステルス値上げに対しては多くの消費者が嫌悪感を抱いていることが分かりました。

では、ステルスではない実質値上げはどうでしょうか。ここでいう実質値上げとは、冒頭の通り、消費者に告知をした上で、内容量を減らして価格を据え置く措置のことを指します。

例えば、明治は商品の実質値上げを行う際、ホームページ上で「内容量変更のお知らせ」として告知しています。2022年9月には「明治バター50%贅沢ブレンド」の、同年10月には「明治北海道十勝細切りチーズ」の内容量をいずれも10g減らしましたが、価格は据え置きとなっています。また、ロッテは同年9月以降、「ガーナ」や「クランキー」の袋タイプの内容量を減らして出荷しており、同社もプレスリリースを配信しました。両社とも、原材料費や物流費、包装

材などのコストの上昇を理由とし、消費者に理解を促しています。

　もちろん、告知があったからといって、消費者にとって実質値上げそのものは喜ばしいニュースではないでしょう。またその告知が消費者の目に入るかというと、必ずしもそうではありません。しかし、何らかの説明が事前にあったのかなかったのかによって、受け手が「残念だけど仕方がない」と感じるか、あるいは「裏切られた」と不信感を感じるか、印象は大きく異なります。メーカーの努力が垣間見える丁寧な文章から誠意が伝われば、実質値上げもやむなしといった理解を得られる可能性は大いにあります。大切なのは「顧客に納得してもらうこと」を意識することではないでしょうか。

第 6 章 の ま と め

1. 「顧客に納得してもらうこと」が良い価格改定における良いPRの要件

2. よってPRの定義からは外れるが、既存顧客に対する価格変更に際しては、過渡期を設けるなどの施策が有用な場合がある

3. 顧客とのコミュニケーションチャネルの1つとして販売代理店が存在するが、販売代理店が価格変更を了承しないケースが存在する。そのため、販売代理店との契約は事前に価格変更が可能な内容にしておく必要がある

組織的な能力開発

1990年代は世界の大企業でさえも、プライシングを専門的に担当する部門を持っているのは全体の3分の1だったようです。それが2005年になると、80％以上の企業がプライシングの担当部門を発足させるか、少なくとも計画中の状態まで変わりました[※15]。しかし、それも18年前の話です。世界では、全社を挙げて価格優位を目指そうとする企業が続々と増えているのです。しかし、第1章でも申し上げた通り、日本国内を見ると、プライシング（価格決定）部門がある企業はごく少数、外部支援企業も乏しい状況になります。そこで第7章ではプライシング組織的な能力開発についてお話しします。

プライシングを短期目線から長期目線で

　これまで解説してきた内容は、価格をいかにして決め、それを実践するかといった内容でした。これは網羅的な情報に見えるかもしれませんが、長期的な目線に欠けています。あくまでも「足元の価格をどう適正化させるのか」という短期的な目線に尽きるのです。

　プライシングの理想状態は、長期的に最適なプライシングを設定し続けることです。さらにかみ砕いて言うと、市場の動向（コストや競合価格の変化）や自社の提供価値の変化を踏まえ、常にプライシングを最適化させる状態をつくるということです（**図7-1**）。短期的な目線で求められることは価格戦略の策定と価格改定の実行をしっかりとやり切ることですが、長期的な目線ではこれに加えて、組織的な能力開発と自走可能なツールが求められます。実際、世界各国の主要企業300社以上のプライシング担当役員の約8割が、効果的に価格体系を動かすために必要な分析ツールを導入しようとしているといいます。またこのような企業はプライシングの実行能力が高くない競合企業に比べ3〜8％ポイント以上の高い利益率を実現

図7-1 **短期目線のプライシングと長期目線のプライシング**

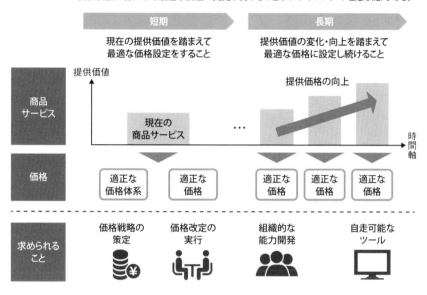

提供価値に合わせて最適な価格に変更し続けることがプライシングの理想状態である。

しています。[16]

　図7-2をご覧ください。これは弊社で価格改定の取り組みを支援したあるサービスの支払い意欲調査の結果で、線Aは既存顧客（以後、顧客A）、[17]
線Bは獲得したい顧客セグメント（以後、顧客B）のうち何％がその金額で購入可能なのかを試算したものです。現在の価格は1680円で、これは顧客Aが最大化する価格を示しています。一方、1680円は顧客Bの60％が購入可能な金額であり、顧客Bが最大化する2980円と比較すると、22ポイントが購入検討に乗らない金額であることが分かります。1680円は、顧客Bの獲得効率が悪い金額であるということです。あくまでもこのサー

ビスに限った話ですが、顧客Bがキャズム理論でいうところのマジョリティーに該当しており、1680円では安すぎて品質が低いのではないかと感じ、このような結果につながっていることが推測されます。だからといって、2980円に価格を合わせてしまうと、顧客Aの多くが解約する結果になってしまいます。

この場合、第2章で紹介した一物多価での販売を検討し、顧客Aも顧客Bも獲得効率の高い価格体系で販売するのが、短期目線では良い打ち手といえます。しかし長期的に市場独占を視野に入れるとすると、顧客Cや顧客Dなどまだまだ獲得しないといけない顧客セグメントが存在します。これらの獲得まで視野に入れると、顧客AとBが最大化する価格を一致させるという打ち手が浮上します。

これは到底不可能なことに思えるかもしれません。実際、一度の価格変更では困難を極めます。しかし複数回の価格変更を重ねることで実現可能なのです。それを実現するには現在価格を徐々に上げていくのです。そうすることで、顧客Aの内的参照価格が上がり、線A上の点Aが年月と共に徐々に右に移動していき、いずれ顧客AとBが最大化する価格が一致するのです。

ちなみに内的参照価格とは、消費者が商品を購入する際の基準となる価格「参照価格」のうち、過去の経験などから形成された消費者の記憶の中の価格のことを指します。内的参照価格はその人が妥当と考える「値頃感」に近く、実売価格が内的参照価格よりも低い場合、相対的に「安い」と感じ、購入意欲が湧きやすくなります。

例えば、普段から100円ショップで買い物をしていると、1品100円での購買経験が繰り返され、無意識のうちに100円という内的参照価格が形成されます。そのため、100円ショップが急に200円にしたら、高いと感じ購入意欲が湧きにくくなりますし、90円で販売されると、安いと感じ

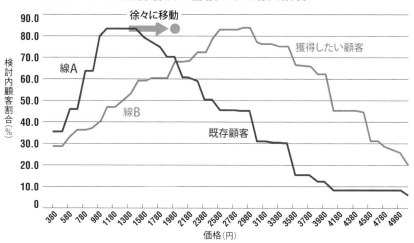

図7-2 **あるサービスの顧客層別の金額ごとの購入割合**

購入意欲が湧きたてられるはずでしょう。このように長期的な目線を持って プライシング戦略を考えるということも重要なのです。

続いて図7-3と図7-4をご覧ください。東京ディズニーリゾートのチケット（1デーパスポート）の価格の推移とiPhoneの価格の推移です。驚くべきことに、もともとのディズニーチケットの価格は3900円、iPhone3Gの本体価格は2万3040円と、現在の半分以下の価格でした。仮に当初、iPhone3Gを現在のiPhone14の本体価格である11万9800円で販売していたら、恐らくほとんど売れず、アップルは現在のような会社にはなっていなかったのではないでしょうか。つまり、現在価格の11万9800円は、比較的短いスパンで値上げをして、顧客の内的参照価格を上げていったことで実現しています。

もちろん、これだけではありません。値上げにより得られた利益をサー

図7-3 東京ディズニーリゾートのチケット（1デーパスポート）の価格推移

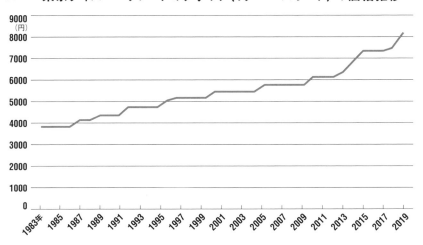

図7-4 iPhone3G 〜 14の価格推移

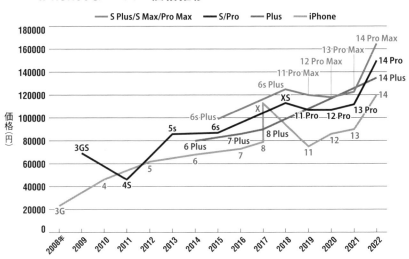

ビス価値の向上に投資し続けてきたから、短いスパンでの値上げを顧客に許容されているのです。例えば、2016年のディズニー来場者数は約3000万人です。この時に500円の値上げを行っていますから、本来の価格で販売していた場合と比較し、1年間で約150億円の売り上げ増につながったことになります。　このように得られた利益を、アトラクションの新設やスタッフ研修の強化などへ投資することで東京ディズニーリゾートの体験価値が向上し、値上げが受け入れられるようになるのです。iPhoneの新機種にも同じことがいえるでしょう。

　また、そのことが圧倒的なブランドの構築につながっているのは言うまでもありません。この2社の事例は、市場の動向（コストや競合価格の変化）や自社の提供価値の変化を踏まえ、常にプライシングを最適化させる状態をつくることができているからこそ実現できているものなのです。

　ここまでで取り上げた2社の事例からも、長期的に最適なプライシングを設定し続けることの意義がうかがえるのではないでしょうか。第7章のテーマであるプライシング組織の構築／人材育成は、長期的に最適なプライシングを設定し続けるための第一歩となります。

プライシング組織構築／人材育成

　組織的な能力開発は図7-5のようにプライシングに関する人材の育成と組織の定義・構築というプロセスで進めていくのがいいでしょう。まずプライシングの人材育成ですが、プライシングの専門人材は国内では非常に少なく、採用は困難を極めます。そのため、社内でプライシング人材の育成をする仕組みや機会をつくる必要があるでしょう。また、組織を構築するためには、まずその組織をどこに位置付けるのか、会社としての必要性や、役割を明確にする必要があります。

図7-5　プライシング組織構築／人材育成のプロセス

プライシング組織構築／人材育成	1-2. プライシング人材育成	1-2-1. 経営層、プライシング組織のプライシング知識・スキルの修得	組織のリーダーやメンバーにとどまらず、新しい業務を社内に構築する場合、当該業務の報連相を適切に行うためには、経営層含め、幹部層が当該業務の知識を一定保有する必要がある
	2-1. 組織の定義	2-1-1. プライシング組織の必要性、目的、目標、役割の定義	組織構築をする前提となる内容であるとともに、Change Management Process として、新組織の必要性を社内に浸透させるためにも、組織の目的目標、役割及び必要性を明確化することが必要がある
		2-1-2. 他部門との連携方法	組織は社内外問わず、別組織からインプットをもらい、何かしらの処理をし、他組織にアウトプットを提供することで成立する。そのインプット/アウトプットの連携方法や、そもそも何を連携するのかを決める必要がある
		2-1-3. プライシング組織の位置づけ（例：CEO直下）	プライシング組織が属する位置を決めることで、当該組織の権限を決めることになる。当該組織が業務を実行するうえで、適切な権限を付与するために、どこに属するのか、位置づけを決める必要がある
	2-2. 組織構築	2-2-1. プライシング業務プロセスおよびシステムの構築	一定の品質を保った業務を実現するために、具体的な業務プロセス及びシステムの連携を可視化し、明確化する必要がある
		2-2-2. 専門知識を保有する外部組織との連携を通じた内製化	業務を実行するうえで、その業務に必要な知識やスキルが不足している場合は、専門知識を保有する外部組織と連携する必要がある

1.プライシング人材育成

経営層、プライシング組織のプライシング知識・スキルの習得

経営層や組織メンバーの知識・スキルの習得は、プライシングに限った話ではないかもしれませんが、新しい業務を社内で構築する場合、管掌する役員や責任者に当該業務の知識がなければ、その評価を適切に行うことができません。結果、業務のPDCAが回らなかったり、他組織とのゆがみにつながったりすることになります。そのため、経営層やプライシング組織に属するメンバーのそれぞれが最低限必要な知識を習得することは不可欠です。この後で、誰がどの状態まで到達すれば十分なのか、またそれを実現するために必要なことは何なのかについて、プライシングスタジオが提供しているトレーニングプログラムを参考にしながら詳しく解説します。

2.組織の定義

2-1.プライシング組織の必要性、目的、目標、役割の定義

ここで重要なことは定義と周知です。プライシング組織のような新しい組織を立ち上げる場合、その組織がなぜ必要なのか、その組織の目的や目標、役割を定義し、それを周知する必要があります。どれだけ周到に準備された業務であったとしても、立ち上げ当初は業務負荷が高くなりますし、インシデントは付きものです。組織の定義と周知ができていれば、各組織とうまく連携でき、組織の立ち上げもスムーズに進んでいくでしょう。

2-2.他部門との連携方法

図7-6をご覧ください。業務はこのようにInput、Process、Outputの順番で進んでいきますが、Inputの段階では、プライシングを行うに当たっての必要な情報（経営方針・コスト・競合・顧客・販売情報……etc）

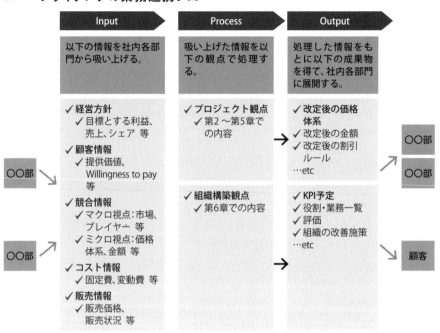

図7-6　**プライシングの業務連携フロー**

Input	Process	Output
以下の情報を社内各部門から吸い上げる。	吸い上げた情報を以下の観点で処理する。	処理した情報をもとに以下の成果物を得て、社内各部門に展開する。

Input
- ✓ 経営方針
  - ✓ 目標とする利益、売上、シェア 等
- ✓ 顧客情報
  - ✓ 提供価値、Willingness to pay 等
- ✓ 競合情報
  - ✓ マクロ視点：市場、プレイヤー 等
  - ✓ ミクロ視点：価格体系、金額 等
- ✓ コスト情報
  - ✓ 固定費、変動費 等
- ✓ 販売情報
  - ✓ 販売価格、販売状況 等

Process
- ✓ プロジェクト観点
  - ✓ 第2～第5章での内容
- ✓ 組織構築観点
  - ✓ 第6章での内容

Output
- ✓ 改定後の価格体系
- ✓ 改定後の金額
- ✓ 改定後の割引ルール
  …etc
- ✓ KPI予定
- ✓ 役割・業務一覧
- ✓ 評価
- ✓ 組織の改善施策
  …etc

〇〇部　〇〇部　顧客

を円滑に取得できるように、適切な部門との連携フローを構築する必要があります。その情報を処理し、価格の検討や変更、組織構築（本章での内容です）を行います。またOutputで得られた成果物を実際に適用していくために、関係部門への連携や顧客反映までを円滑に行うことのできるフローの構築も重要でしょう。

　補足ですが、Inputの情報に販売情報（販売価格・誰に？・いつ？・どうやって？）を取得する必要があるのは、決定した価格が現場でのディスカウントなどが要因で意図通りに運用されないことがあり、それを検知する目的があるためです。また「誰に？・いつ？・どうやって？」という情

報は支払い意欲差を生むトリガーとなる場合もあり、情報は取得しておく
べきでしょう。

　例えば、利用期間が短い顧客ほど支払い意欲が高い、クレジットカード
決済の顧客は支払い意欲が高い、〇〇というチャネルから購買した顧客は
支払い意欲が高いなどの傾向が過去に取り組んだプロジェクトで分かった
ことがありました。これらは、あくまでもそのビジネスにおいて分かった
傾向なので、すべてのビジネスに当てはまるわけではありませんが、こう
いった変数も支払い意欲に影響を与えるトリガーになり得るということで
す。

　2-3. プライシング組織の位置付け

　組織を立ち上げるといっても、組織を新設する場合と既存組織内に設置
する場合があります。どちらかを選ぶかによって、それぞれ、組織での推
進力や、意思決定のスピードが異なるため、プライシング組織を、どう位
置付けたいかによって比較検討する必要があります。また、図7-7のよう
に組織を新設する場合、「独立事業部門型」「全社企画・支援型」「企業新
設型」があり、既存組織内に設置する場合では「企画部門推進型」「マー
ケティング部門推進型」「その他部門推進型」と複数のパターンがあります。
場合によってはそれぞれの要素を組み合わせて、プライシング組織が位置
付けられる場合もあります。以下でそれぞれメリット・デメリットについ
て解説します。[18]

①独立事業部門型

　営業部門、マーケティング部門、コーポレート部門といったような既存
の部門と並列する新部門を設置し、プライシングを推進するケースがこれ
に該当します。つまり、各事業のプライシング機能を一つの部門にまとめ

図7-7　プライシング組織の分類

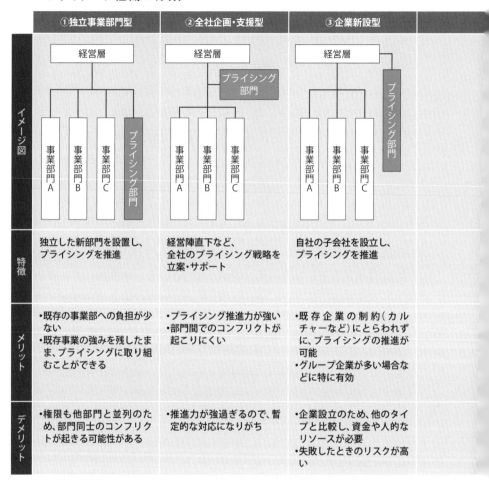

	①独立事業部門型	②全社企画・支援型	③企業新設型
特徴	独立した新部門を設置し、プライシングを推進	経営陣直下など、全社のプライシング戦略を立案・サポート	自社の子会社を設立し、プライシングを推進
メリット	・既存の事業部への負担が少ない ・既存事業の強みを残したまま、プライシングに取り組むことができる	・プライシング推進力が強い ・部門間でのコンフリクトが起こりにくい	・既存企業の制約（カルチャーなど）にとらわれずに、プライシングの推進が可能 ・グループ企業が多い場合などに特に有効
デメリット	・権限も他部門と並列のため、部門同士のコンフリクトが起きる可能性がある	・推進力が強過ぎるので、暫定的な対応になりがち	・企業設立のため、他のタイプと比較し、資金や人的なリソースが必要 ・失敗したときのリスクが高い

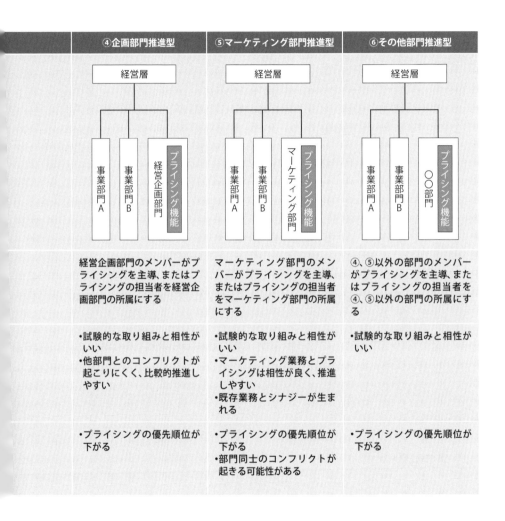

④企画部門推進型	⑤マーケティング部門推進型	⑥その他部門推進型
経営企画部門のメンバーがプライシングを主導、またはプライシングの担当者を経営企画部門の所属にする	マーケティング部門のメンバーがプライシングを主導、またはプライシングの担当者をマーケティング部門の所属にする	④、⑤以外の部門のメンバーがプライシングを主導、またはプライシングの担当者を④、⑤以外の部門の所属にする
・試験的な取り組みと相性がいい ・他部門とのコンフリクトが起こりにくく、比較的推進しやすい	・試験的な取り組みと相性がいい ・マーケティング業務とプライシングは相性が良く、推進しやすい ・既存業務とシナジーが生まれる	・試験的な取り組みと相性がいい
・プライシングの優先順位が下がる	・プライシングの優先順位が下がる ・部門同士のコンフリクトが起きる可能性がある	・プライシングの優先順位が下がる

121

ることとなります。この場合、既存組織の構造や役割に変化がないため、既存部門への負担が少なく、既存事業の強みを残したまま、プライシングに取り組むことができます。

　ただし、既存の事業部門とプライシングの観点での連携が必要になります。しかし、権限も他部門と並列のため、KPIの違いなどから部門同士のコンフリクトが起きる可能性があるので注意が必要です。例えば、営業部門が件数目標を追っており、価格を上げたくない場合、プライシング部門が値上げをしようとするとコンフリクトが起こるといったケースです。

②全社企画・支援型

　経営陣の直下で全社のプライシング戦略を立案・サポートするケースがこれに該当します。この場合、独立事業部門型とは違い、支援するという形で他部門に横断的に関わるため、協力を仰ぎやすく、プライシング組織の推進力が強くなるのが特徴です。ただし、これは暫定的な対応となることが好ましいと言えます。プライシングが常に経営の最優先となると、他の施策がおそろかになる可能性があるからです。プライシングの業務が一定成果が出始めたら、①独立事業部門型に切り替え、定常的に運用していくのが良いでしょう。

③企業新設型

　子会社を設立し、プライシングを推進するケースがこれに該当します。子会社設立の場合、自社のカルチャーなど既存企業の制約にとらわれずに、プライシングを推進することが可能になります。グループ企業が多い場合、大なり小なりカルチャーや思想もバラバラであることが想定されます。その際、設立した子会社は、どの企業からも中立的な位置付けになり、フラットな目線から業務を推進でき、真価を発揮しやすいといえます。また、

グループ企業のプライシングに特化する企業のため、アセットも蓄積しやすく、プライシング業務の効率化という観点でもメリットがあります。一方で、企業を設立するため、他のタイプと比較し、資金や人的なリソースが必要ですし、仮に失敗した場合を考えると、最もリスクが高いともいえるでしょう。

④企画部門推進型

　経営企画部門のメンバーがプライシングを主導、またはプライシングの担当者を経営企画部門の所属にするケースがこれに該当します。既存組織内にプライシング組織を設置する④〜⑥に共通して言えることですが、新部門や新たに企業を設立する場合と比べ、必要な金銭的・人的リソースに加えて、対応コストも軽くなるため、試験的にプライシングの取り組みを始めたい場合、非常に相性がいいといえます。

　経営企画部門は、営業部門をはじめとする他の部門とKPIがコンフリクトしにくい部門でもあるため、プライシング業務を比較的推進しやすいのが特徴です。また、プライシングが利益に直結し、売り上げや顧客数にも影響するという特性上、予算計画の策定・モニタリングを主業務としている経営企画部門とはシナジーがあり、相性がいいのも特徴です。一方で、経営企画部門がもともと与えられていた役割もこなしつつ、プライシングも推進しなければならないため、①〜③と比較し、プライシングの優先順位が下がるというデメリットもあります。これは④〜⑥に共通して言えることです。

⑤マーケティング部門推進型

　マーケティング部門のメンバーがプライシングを主導、またはプライシングの担当者をマーケティング部門の所属にするケースがこれに該当しま

す。既存部門内に新設することから、特徴は④と共通するものも多く存在します。試験的にプライシングの取り組みを始めたい場合、非常に相性がいいということと、もともと与えられていた役割もこなしつつ、プライシングも推進しなければならないため、①～③と比較し、プライシングの優先順位が下がるという点です。

　マーケティング部門推進型の特徴としては、プライシングは元来マーケティング戦略の中の実行戦略に位置付けられているマーケティングミックスの4P（製品：Product、価格：Price、流通：Place、およびプロモーション：Promotion）の1つであることからも分かるように、マーケティング業務とは相性がいいといえます。そのため、部門内での知識の共有が速かったり、マーケティング業務とプライシングの取り組みでシナジーが生まれるなど、好条件がそろっています。一方、企画部門と異なり、①と同様に部門同士のコンフリクトが起きる可能性は残ります。

⑥その他部門推進型

　④、⑤以外の部門のメンバーがプライシングを主導、またはプライシングの担当者を④、⑤以外の部門の所属とするケースがこれに該当します。既存部門内に新設するという観点での④～⑥の共通点は前述の通りです。業界特性やビジネスモデル、部門ごとに追っているKPIとの相性などと照らし合わせ、プライシングを推進しやすい部門がある場合、⑥を選択する可能性が生まれます。海外ではレベニューオペレーション（RevOps）という部門が、プライシングを推進する場合も散見されます。レベニューオペレーションとは、一般的に部門間の障壁をなくし、連携して収益最大化に向けて活動する目的で置かれる部門です。

3.組織構築

3-1.プライシング業務プロセスおよびシステムの構築

一般的に業務プロセスの構築はPDCAサイクルを回すために行います。当たり前ですが、PDCAのCつまりCheckを行うためには、Checkつまり確認する対象が必要ということです。そのためには、何かしら可視化されているものが必要となります。そのための業務プロセスの構築というわけです。

またシステム化は、業務の無駄をなくすために行います。特に、情報の収集や調査、分析、可視化といった業務の多いプライシング領域においては、業務のシステム化は必要不可欠でしょう。これがないと、膨大な人的リソースを無駄にすることになります。

これらは単なるコスト削減の文脈に限った話ではなく、プライシング業務におけるPDCAを高速で回すための取り組みです、これまでプライシングに対する先進的な取り組みをしている企業は少なく、また専門人材も少ない現状においては、どの企業もプライシングの取り組みの頻度や経験が少ないのが現実です。このように競合他社も含めてプライシング力に乏しい状況下においてPDCAサイクルを高速化し、価格決定力を向上していくことは、競合他社へのけん制にもなり、また競合優位性の源泉にもなるということです。

3-2.専門知識を保有する外部組織との連携を通じた内製化

業務を実行する上で、その業務に必要な知識やスキルが不足している場合は、専門知識を保有する外部組織と連携する必要があるでしょう。

図7-8 **プライシングにおける人材育成のゴール**

カテゴリ		AsIs	経営トップ	担当役員、リーダークラス	担当者クラス	トレーニン
個人レベルの変革	Awareness（認知）	・プライシングを知らない				
	Desire（欲求）	・プライシングを知っているが、興味がない				
	Knowledge（知識）	・プライシングに興味はあるが、内容を理解していない				
	Ability（能力）	・プライシングの基本的な内容を理解しているが、実践するスキルがない				
		・プライシングの分析方法が分からない ・プライシングツールを使えない				
チームレベルの変革	Prepare Approach（アプローチの準備）	・事業戦略にマーケティング戦略や組織戦略はつながっているが、プライシング戦略が存在しない状態				
		・プライシングのチームがそもそも存在しない ・プライシングチームの業務内容が分からない				
	Manage Change（変革のマネジメント）	・プライシングチーム構築プロセスが分からない ・当該プロセスにおいて発生する問題に対応ができない				
	Sustain Outcomes（成果の持続）	・プライシングを実行する方法はわかったが、どのようにPDCAを回せばよいのわからない				

社内の人材をどう育てるのか

　人材の育成方法については様々ですが、私が経営するプライシングスタジオは企業向けにプライシング人材のトレーニングプログラムを提供しており、それを参考に説明しようと思います。プライシングスタジオでは、プライシングにおける人材育成のゴールを図7-8のように「個人レベルの変革」と「チームレベルの変革」に分けて必要要件を定義し、トレーニングプログラムを作成しています。

&ターゲット		ToBe
	基礎 トレーニング	i.プライシングの基本的な内容を理解している ii.プライシングの進め方や注意点およびその対策を理解している
	実践 トレーニング	i.プライシングを実際に行う上で必要最低限のスキルが身についている
	戦略 トレーニング	i.事業戦略と整合性のあるプライシング戦略が構築できている状態 ii.プライシングチームを構築するためのプロセスと、各プロセスにおけるポイントを理解している

プライシング戦略策定
及び
実行が可能になり、
事業成長の
スピード向上が
実現される

トレーニングプログラムでは、座学とOJT（オン・ザ・ジョブ・トレーニング：職場内訓練）のいずれか、または両方を組み合わせて実現します。座学では基礎的な知識の習得をゴールとする基礎トレーニング、事業戦略と整合性のあるプライシング戦略策定に向けた戦略トレーニングを実施します。OJTは実際にプライシングツールを用いたプライシング業務を体験（実践トレーニング）し、実践力の向上を目指します。

基礎トレーニング

基礎トレーニングは「プライシングの重要性と概要の理解」に重点を置

図7-9 **プライシングトレーニングの概要**

基礎トレーニング	戦略トレーニング	実践トレーニング
プライシングの重要性と概要の理解	事例を踏まえたプライシング戦略の要諦理解	実際にプライシングツールを用いた、プライシング業務の理解

基礎トレーニング
- ✓ プライシングとは何か、なぜプライシングが必要なのか
- ✓ プライシング力向上で何を目指し、何をすべきか
- ✓ 自社が目指すべき姿とアクション

戦略トレーニング
- ✓ プライシングに求められるリテラシー・スキル・マインドセット
- ✓ バリューベースプライシングの戦略策定の要諦とその事例

実践トレーニング
- ✓ バリューベースプライシングの実践方法
- ✓ PricingSprintの使い方
- ✓ PDCAサイクルの回し方

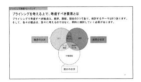

いて実施します。プライシングの基本的な内容を理解していること、プライシングの進め方や注意点とその対策を理解していることをゴールとしています。具体的には以下のような内容です。

- ・プライシングとは何か
- ・なぜプライシングが必要なのか
- ・プライシング力向上で何を目指し、何をすべきか

　基礎トレーニングは、誰もが知っておくべきプライシングの基本的な事項を中心とする内容になっているため、「経営トップ」を含むあらゆるポジションを対象にしています。

戦略トレーニング

　戦略トレーニングは「事例を踏まえたプライシング戦略の要諦理解」に

重点を置いて実施します。事業戦略と整合性のあるプライシング戦略やプライシングチームを構築するためのプロセスと、各プロセスにおけるポイントを理解していることをゴールとしています。具体的には以下のような内容です。

- ・ プライシングに求められるリテラシー・スキル・マインドセット
- ・ バリューベースプライシングでの戦略策定の要諦とその事例
- ・ これまで受け身のプライシングをしていた組織が、戦略的プライシング（バリューベースプライシング）を実現するための変革プロセスとその要諦

　戦略トレーニングは、事業戦略との整合性やチーム構築の観点が中心の内容となっているため、「経営トップ」「担当役員」「リーダークラス」が主な対象者となります。

実践トレーニング

　実践トレーニングでは「実際にプライシングツールを用いた、プライシング業務の理解」に重点を置き、プライシングを実際に行う上で必要最低限のスキルが身に付いていることをゴールとしています。具体的には以下のような内容です。

- ・プライシングの実業務の全体像
- ・プライシングツールの活用方法
- ・アンケート作成方法

　実践トレーニングは、実業務にフォーカスしている内容のため、主な対

象者は「担当役員」「リーダークラス」「担当者クラス」としています。

プライシングツールとは

　長期的に最適なプライシングを設定し続けるためには、組織的な能力開発と自走可能なツールが必要不可欠であり、世界各国の主要企業300社以上のプライシング担当役員の約8割が、効果的に価格体系を動かすために必要な分析ツールを導入しようとしていることは、この章の冒頭でも言及した通りです。

　私はこの「プライシングのためのツール」に大きな可能性を感じています。「データサイエンティストが21世紀で最もセクシーな職業である」[19]といわれるように、ここ10年ほどデータ分析が流行のようになっているのはご存じの通りです。しかし、データ分析は古くから基本的な理論や手法が存在していました。にもかかわらず、ここ十数年で脚光を浴びるようになったのは、そもそもデータが収集できるようになったことに加えて、分析ツールが発達したことでデータ分析が何度も行えるようになったことが大きいのではないでしょうか。ツールがあることでいろいろな仮説を検証することができ、しかも、それを何度も分析することができます。しかもエクセルでは簡単にできない難易度の高い分析もできるようになっています

　第3章で、価格検討は論点が多くなりがちなため、プライシングの分析では分析を重ねて深掘りしていくことで要点をつかむのがポイントであり、そのために粗い分析から詳細分析へと推移していく中で、検討論点をつぶしていく作業だと述べました。これは、いろいろな仮説を検証するために、何度も何度も分析することと同義です。プライシングの分析にツールは必要不可欠であるということです。

　私が経営するプライシングスタジオは、コンサルティングサービスを始

図7-10 ツール画面（アンケート機能）

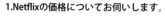

設問1

1.Netflixの価格についてお伺いします。

あなたは現在、Netflixをご利用されていますか？

◉ はい ○ いいえ

- -

1-1. Netflixのご利用されているプランの月額料金について、あなたが高いと感じ始める金額はいくらくらいですか？

半角数字 円

- -

1-2. Netflixのご利用されているプランの月額料金について、あなたが安いと感じ始める金額はいくらくらいですか？

半角数字 円

- -

1-3. Netflixのご利用されているプランの月額料金について、あなたがこれ以上高いと検討に乗らない金額はいくらくらいですか？

半角数字 円

0/2 回答済み

めてすぐに壁にぶつかりました。たった数社のプライシング分析の案件でしたが、その分析量の多さに業務が全く回らず、全員が始発電車で帰るという激務の日々となってしまいました。仕事を取ってきても社内では歓迎されず、不穏なムードになることもありました。この壁を打開できた1つの要因は、分析ツールの開発でした。

　ではプライシングツールを使うと、具体的にどんなことができるのでしょうか。これに対する明確な答えはありません。自社のプライシング適正化のために必要なデータを効率よく集める機能や、意思決定が求められている示唆を出すための分析を効率化するための機能は会社ごとに様々だからです。

図7-11　ツール画面（PSM分析）

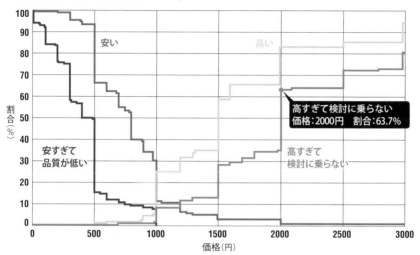

そこで参考までに、プライシングスタジオが開発し、日々の業務で活用しているツールでは何ができるのかご紹介します。

　例えば、必要なデータを効率よく集められる機能という観点でいうと、アンケートの作成・配信ができる機能（**図7-10**）や、顧客の行動データをインポートし、それを分析できる機能などがあります。

　意思決定に求められる示唆を出すための分析を効率化する機能という観点だと、支払い意欲調査の1つであるPSM分析（**図7-11,第5章・8章にて紹介**）を作成できるのですが、複数の条件で絞り込みをかけたPSM分析を瞬時に作成できます。例えば、オリジナル作品をテレビで試聴している決裁者といった具合です（**図7-12**）。この機能を使うことで、顧客属性ごとのPSM分析の結果を簡単に比較でき、支払い意欲差の特定がスムーズにできます。この機能がなければ、PSM分析のグラフを条件ごとにいくつも作成し、

図7-12 ツール画面（分析条件設定）

図7-13 ツール画面（顧客数と売り上げの推計結果）

1,190円	66.0件（4.8%）	78,540円（-5.6%）
1,290円	63.0件（±0.0%）	81,270円（-2.3%）
1,390円	63.0件（±0.0%）	87,570円（5.3%）
1,490円	62.0件（-1.6%）	92,380円（11.1%）
1,590円	54.0件（-14.3%）	85,860円（3.2%）
1,690円	53.0件（-15.9%）	89,570円（7.7%）
1,790円	51.0件（-19.0%）	91,290円（9.8%）
1,890円	49.0件（-22.2%）	92,610円（11.4%）
1,990円	49.0件（-22.2%）	97,510円（17.3%）

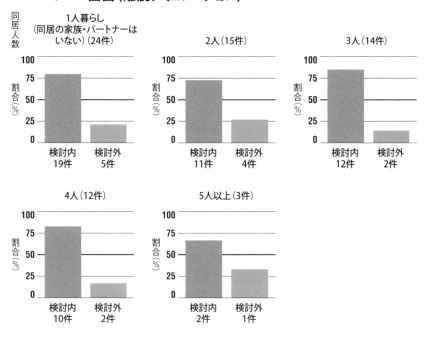

図7-14　ツール画面（離脱シミュレーション）

それを横並びで比較しなければなりません。

　これに加えて、指定した条件での顧客数、売り上げの推計が瞬時に可能
（**図7-13**）だったり、クリックした金額で販売したとき、購入の検討に乗ら
ない顧客の属性を確認したりすることもできます（**図7-14**）。これに加えて、
従量課金に組み替えた際にどうなるか、2つの条件を組み合わせた（定価
× ディスカウント価格など）シミュレーションなどができます。このよ
うに、プライシングツールの活用は、様々な分析の効率化につながります。
今後、日本の企業でも活用が増えていくのではないでしょうか。

外注する場合、どんな企業に頼む？

　業務を実行する上で、必要な知識やスキルが不足している場合は、専門知識を保有する外部組織と連携する必要があるでしょう。最後に、外注する場合のポイントについて解説します。しかし、ここまで言及してきた通り直接的なプライシングマーケットはまだまだ未成熟で、カオスマップを作って解説できるほどには、数が多くありません。そこで、個社名ではなく、どういう観点からどういう企業に外注できる可能性があるのか、について紹介しようと思います。本章ではポジショントークを避けるためにも、価格専門のコンサルティング会社に対する言及は避けようと思います。

　外注する際のポイントは、プライシングに限った話ではないかもしれませんが、依頼したい事項が何なのかを明確にするということです。

短期的な目線での価格改定について課題がある場合

　短期的な目線での価格改定について課題がある場合、それは価格改定の一部だけを外注すれば解決できる課題なのか、価格改定のプロセス全体に対して外部企業のサポートが必要なのかによって、発注の対象となる企業も金額も大きく変わります。

　価格改定の一部だけを外注すれば解決できるケースで、その業務が「調査のみ」の場合は、アンケートパネルを保有しているような調査会社になりますし、「調査結果の分析業務」の場合はデータ分析に強みがあるコンサルティング会社や、フリーランスのデータサイエンティスト、「実行のサポート」まで必要な場合は、業務遂行に強みのあるコンサルティング会社に発注するなど、業務ごとに求められる専門性が異なります。

　価格改定のプロセス全体に対して外部企業のサポートが必要な場合でも、その価格改定が「全社のプロダクトに影響する全社的なプライシング改革」

なのか「事業部単位の価格改定」なのかによって発注の対象は変わる可能性があります。例えば、前者の場合、経営戦略とも大きく関わるため、戦略コンサルティング会社が適任ですが、後者の場合だと戦略コンサルティング会社の発注金額では費用対効果が合わない可能性が高く、総合コンサルティング会社が選ばれがちです。

長期的な目線での価格改定について課題がある場合

長期的な目線での価格改定について課題がある場合については、本章で解説したプロセスを踏んでいくのが有効です。組織の位置付けや業務内容の設計は、必要に応じて外部企業の知見を吸収したり、組織構築に強みを持つコンサルティング会社を活用するのも手でしょう。また人材育成に関しては、外部のトレーニングプログラムをうまく活用するのが、手軽でいいでしょう。

一番の課題は、組織を構築し、関係者が知識を習得した後の実業務への落とし込みです。プライシングに限った話ではありませんが、初めての取り組みとなる業務においては、いきなりうまくいく方が珍しいでしょう。そのため、プライシングに知見があり、業務フロー構築や業務改善に強みがある外部企業に伴走してもらうのがおすすめです。また、価格分析を円滑に行うためのツール（国内はまだ少ないですが、海外も含めるといくつか存在します）の導入検討も合わせて進めるとスムーズでしょう。

第 7 章 の ま と め

1. グローバルの大企業では、約80%の企業がプライシング部門を内製化しているが、国内ではごく少数である

2. プライシングの理想状態は長期的に最適なプライシングを設定し続けることである。複数回のプライシングを実行することで、売り上げ最大化および顧客数最大化の両方の実現が可能になることがある

3. 長期的に最適なプライシングを設定し続けるためには、組織的な能力開発と自走可能なツールの導入が必要である

   a. 組織的な能力開発

      i. プライシングの専門人材は国内では非常に少なく、採用は困難であるため、社内でプライシング人材育成の仕組みの構築が必要

      ii. 組織構築のためには、組織の位置付け、役割などを明確にする必要がある

4. プライシングツール

   a. 世界各国の主要企業300社以上のプライシング担当役員の約8割が、効果的に価格体系を動かすために必要な分析ツールを導入しようとしている

   b. ツールがあることで様々な仮説を短時間で分析することが可能になり、プライシング業務が現実的になる

5. 短期的な目線での価格改定において課題がある場合

   a. 依頼したい事項を明確化することが重要である。 つまり、第3章で説明したプライシング実行プロセスのどこに課題があるのかを明確化し、その課題がある箇所について外部企業と連携することがポイントである

6. 長期的な目線での価格改定について課題がある場合

    a. 一番の課題は、組織を構築し、関係者が知識を習得した後の実業務への落とし込みである

    b. ゆえに、プライシングに知見があり、かつ業務構築・業務改善に強みがある外部企業との連携が推奨される

    c. また、価格分析を円滑に行うためのツールの導入検討も合わせて進めることが望ましい

脚注

※15 マイケル・V.マーン／エリック・V.ログナー／クレイグ・C.ザワダ［2005］『価格優位戦略 高価格で収益を最大化する実践シナリオ』ダイヤモンド社

※16 菅野 寛［2016］『BCG 経営コンセプト 構造改革編』東洋経済新報社

※17 サービスを特定できない形でデータを加工し、掲載。

※18 デジタル・トランスフォーメーション（DX）推進に向けた企業と IT 人材の実態調査（https://www.ipa.go.jp/files/000082054.pdf）を参考に考案

※19 トーマス H. ダベンポート／D. J. パティル［2013］『データ・サイエンティストほど素敵な仕事はない（邦訳）』DIAMOND ハーバード・ビジネス・レビュー

第 **8** 章

調査手法

第8章ではプライシングの調査手法を大きく分けて4つ紹介します。第5章で紹介した手法の詳細を説明していきます。概要と実施方法、メリット、デメリットについて計算式なども活用しながら解説します。

PSM分析の概要と実施方法

　PSM分析（価格感応度分析）とは、顧客がある商品に対して、どれくらいの範囲で価格を受け入れるのかを調査するために使われる手法です。1976年にオランダの経済学Van Westendorpによって開発されたことから、PSM分析は「Van Westendorpモデル」と言われることもあります。PSM分析を応用することで、商品・サービスがどの程度の価格なら最も顧客に受け入れられるかを把握でき、売り上げや顧客数を最大化できる価格を試算できます。

直接質問法との違い

　参考までに、直接質問法という手法も存在します。直接質問法は、潜在的な購入者に対し、「○○（対象となる商品・サービス）をいくらなら買いたいと思いますか？」といった形で製品に支払う金額を直接聞く、シンプルな手法です。直接質問法は簡単に実行できる一方で、潜在的な購入者の実際の支払い意欲よりも低い価格で回答が集まってしまうという欠点があります。これは、基本的に購入者が企業に対して価格を下げるように交渉したい心理が働くためです。

　このような問題を解決するのが、PSM分析です。PSM分析は直接質問法と異なり、間接的な質問を複数回行うため、間接的に支払い意欲を測定し、バイアスが少ない形で支払い意欲を測定することができるとされています。

PSM分析の方法・手順

一般的なPSM分析の手順は、次の2段階のステップで行われます。

1. アンケート調査
2. 可視化

PSM分析では、アンケートを通じて、実際に顧客が製品・サービスに対して、どれほどの支払い意欲を持っているのかを調べます。

PSM分析で実際に使用されるアンケート項目は次の4つです。

【PSM分析のアンケート項目】
①その製品・サービスについて、あなたが高いと感じ始める金額はいくらくらいですか？
②その製品・サービスについて、あなたが安いと感じ始める金額はいくらくらいですか？
③その製品・サービスについて、あなたがこれ以上高いと検討に乗らない金額はいくらくらいですか？
④その製品・サービスについて、あなたがこれ以上安いと品質や効果に不安を感じる金額はいくらくらいですか？

このように、直接的に購入したい価格を尋ねるのではなく、製品・サービスの価格に対する顧客の感覚を把握するのが特徴です。また、これらは第4章で紹介した支払い意欲調査設問に該当します。

次に、価格調査の結果を集計し、図8-1のようにグラフに回答者を累積

図8-1 **PSM分析の4つの交点**

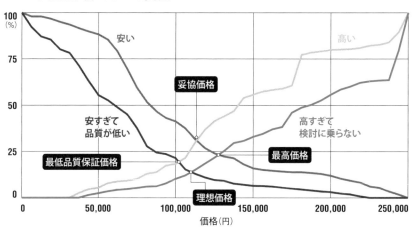

してプロット（打点）します。X軸が価格を、Y軸が当てはまる顧客の割合を表しています。その際、4つの線の交点を価格設定の参考にするのが一般的です。またこの4つの交点は、以下のように命名されます。

・理想価格（「安すぎて品質が低い」価格と「高すぎて検討に乗らない」
　価格の交点）
最も価格拒否感が少ないとみられる価格
・妥協価格（「安く感じる」価格と「高く感じる」価格の交点）
高い・安いの評価が分かれる価格
・最高価格（「安く感じる」価格と「高すぎて検討に乗らない」価格の
　交点）
これ以上高くなると、消費者に購入されなくなるとみられる価格
・最低品質保証価格（「安すぎて品質が低い」価格と「高く感じる」価
　格の交点）

これ以上安くなると、消費者が「品質が悪いのではないかと不安になる」
と感じる価格

PSM分析のメリット・デメリット

PSM分析のメリットは、自由記述で数値を入力してもらうため、顧客
視点での価格設定に有効である点です（ごくまれに選択式でPSM分析を
実施する方がいますが、提示した金額に引っ張られて回答にバイアスがか
かる危険があるため、おすすめできません）。またこの後紹介する分析と
比較して、設問数が少なくて済むという利点があります。

一方、先ほど「PSM分析の4つの線の交点を価格設定の参考にするのが
一般的です」とあえて言及したのは、PSM分析の交点は分かりやすい反面、
学術的な側面からも根拠が提示されていないというデメリットがあるため
です。実際、最高価格以上でも「購入が検討に乗る人」はいますし、同様
に最低品質保証価格以下でも「品質が悪いと思わない人」が存在します。
理想価格に関しても、本来顧客が最大化する価格は「安すぎて品質が低い
と思う人」と、「高すぎて検討に乗らないと思う人」が最小となる価格で
あり、必ずしも交点と一致するとは限らないのです。

多くのステークホルダーに説明責任が存在するビジネスシーンでの価格
の意思決定において、この交点の正確性は全くといっていいほど力不足で
す。そのため、PSM分析を活用する際は、収集したデータをプロットし、
交点を参照するのではなく、集計して価格ごとの購買人数と売り上げを推
計した方が、説明責任を果たす上で十分な結果を出すことができます。次
にその方法について解説します。

図8-2 **価格ごとの顧客数と売り上げの推計結果**

図8-3 **Netflixの価格変更シミュレーション（ベーシックプラン）**

	価格	顧客数推計 （現行価格対比）	売上推計 （現行価格対比）
	690 円	＋ 2%	80%
	790 円	± 0%	90%
値上げ前価格	880 円	± 0%	± 0%
値上げ後価格	990 円	－ 2%	＋ 10%
	1,090 円	－ 12%	＋ 8%
	1,190 円	－ 12%	＋ 18%
	1,290 円	－ 16%	＋ 22%
	1,390 円	－ 16%	＋ 31%
	1,490 円	－ 16%	＋ 40%

注: Pricing Sprintのシミュレーション機能を用いて作成

購買人数と売り上げを推計する方法

　PSM分析を活用する場合、分析対象の顧客が「高すぎて検討に乗らない価格」より安く、かつ「安すぎて品質が低いと思う金額」より高い金額であれば購買可能と仮定し、各価格ごとに何％の顧客が購買可能かを集計していくことで購買人数を推計するやり方がおすすめです。それをプロットしたのが図8-2の青の線です。このように購買人数を推計した後は、売り上げ＝単価×数量ですから、それに単価を掛けることで売り上げを推計することができます。それをプロットしたのがグレーの線です。こうして作成したグラフが図8-2で、これを分かりやすく表現したのが、図8-3です。どこかで見たような表ですね。そうです、実は第1章p.19にて紹介したネットフリックスのシミュレーションはこの方法で算出していたのです。

　ここで、注意点が1つあります。このPSM分析と購買人数の推計の結果は、分析対象とする回答者の顧客属性によって左右されます。分析の対象に、支払い意欲が高い顧客が多く含まれている場合、顧客最大価格が右に寄り、そうでない場合左に寄るということです。そのため、顧客ごとの支払い意欲の差が生まれる変数を特定し、実際の戦略や顧客実態と一致する分析対象のみで推計を行う必要があるということです。そこで、次に紹介するCVM分析の後で、顧客ごとの支払い意欲の差が生まれる変数を特定する手法を2つ紹介します。

CVM分析の概要と実施方法

　CVM分析は、「さまざまな種類の生態系や環境サービス等の経済的価値を明らかにする」ことを目的とし、仮想的な市場を描いたシナリオの元

でのサービスに対する被験者の支払意思額を推定する分析手法です。支払い意欲調査の一種となります。具体的には、消費者に対して以下のような質問をします。

- この商品が3000円だったら、購入したいと思いますか？
- 「はい」と答えた場合、3500円だったら、購入したいと思いますか？
- 「いいえ」と答えた場合、2500円だったら、購入したいと思いますか？

以上のような質問を繰り返していくことで、回答した消費者がどの価格で購入する意思があるのかを明らかにしていきます。この質問から「ある価格で、何割の消費者が購入する意思があるか？」の情報を抽出することができます。

CVM分析は、調査対象（商品ごと、サービスごとなど）に応じて、支

図8-4　**CVM分析での購入意向率推計グラフ**

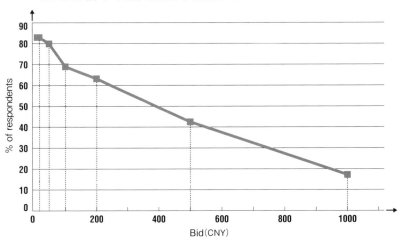

払意思額の集計範囲を定義するところから始まります。この時の支払意思額の集計範囲における最大提示額、最小提示額においては特段の決まりはありませんが、最大提示額にあまりにも高い金額を提示しすぎると回答者が高い提示額に誘導されて高い支払意思額を回答してしまったり、高い提示額に対する一部の支払い賛成回答によって、支払意思額の平均が高めに推定されてしまうリスクが発生します。そのため、支払意思額の集計範囲の設定には注意が必要です。

　また質問を繰り返す回数や、提示する金額の幅にも特に規定はありませんが、少なすぎると支払意思額の推定精度を担保することができず、多すぎると回答者の解答負担が大きくなるため、回答者の離脱と回答の質のトレードオフとなり、そのバランスを見極めて調査を設計する必要があります。実際は、平均的に7～8段階程度が標準であるようです。[20]

　上記のような調査を行い、結果をプロット（打点）すると、図8-4のようなグラフがアウトプットされます。このグラフから分かることは、200CNY[21]の時、61%の顧客が購入可能、500CNYの時、43%の顧客が購入可能ということです。

CVM分析のメリット・デメリット

　CVM分析のメリットは、まず任意の価格で購入意向率をシミュレーションすることができることです。オープンクエスチョンで金額を直接聞く直接質問法やPSM分析と異なり、CVM分析は調査する側が提示した価格に対する購入意向をクローズドクエスチョンで調査できることが特徴になります。そのため、実現不可能や解釈不能といった結果になることが少ないのが強みとなります。

ただし、あらかじめ提示する価格帯を決める必要があるという点が、デメリットにもなり得ます。というのは、あらかじめ提示する価格帯によって回答バイアスをかけてしまったり、PSMのように適正な価格が価格幅として与えられなかったりするからです。また、平均的な質問回数が、7～8段階と他のアンケート調査手法と比べて多くなることから、回答負荷が高くなり、回答の質やサンプル数の確保の難易度が高くなります。

　またPSM分析と同様で、分析対象とする回答者の顧客属性によって左右されます。そこで、PSM分析と同様に、次の支払い意欲差を特定する方法と組み合わせて、分析を行う必要があります。

支払い意欲差を特定する方法

箱ひげ図

　1つ目に紹介する手法は「箱ひげ図」です。最近では、高校数学の教科書でも登場する手法のため、なじみのある方も多いのではないでしょうか。

　箱ひげ図とはデータを可視化する際に活用されるグラフの1つで、主にデータの分布を把握したい場合に使われます。図8-5のように、箱ひげ図は、データを4等分に分け、それらを同一のフォーマットで表したものです。

　箱部分の中央の線は、中央値を表しており、垂直方向に出た線（ひげ）の最下部、最上部はそれぞれ最小値、最大値を表しています。また最小値、最大値だけでなく、四分位数の情報を含んでいます。四分位数は、データを小さい順に並べて小さなものから順位をつけたときに、25%（第一四分位数・25パーセンタイル）、50%（第二四分位数・50パーセンタイル）、75%（第三四分位数・75パーセンタイル）に該当する値のことを指します。

　また、箱ひげ図を横並びにすることで、複数の集合の分布の違いが一目で理解できるようになります。

図8-5 **箱ひげ図とは**

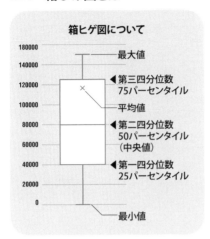

　プライシングの分析では、この箱ひげ図の、特に平均値やボリュームゾーン（図の長方形部分）に注目し、支払意欲の傾向を確認する際に活用します。

　例えば、図8-6はあるBtoBサービスの調査から得られたものです。縦軸では、PSM分析で取得した顧客がこれ以上高いと検討に乗らない金額（＝購買してくれない金額）をとっており、横軸では比較したい顧客の属性（＝今回はクライアント企業の業界）をとっています。

　これを見ると「製造業」の支払い意欲が「卸売・小売業」「サービス業」に比べて、高いということが分かります。これはあくまでも例ですが、「製造業のクライアントの方が、課題を強く感じており、支払い意欲が高く出ていると推察される」といった考察をすることができます。ここから営業やターゲティングなどの戦略を考えることもできますが、プライシングと

図8-6　箱ひげ図（業界別の支払意欲の比較）

いう観点で考えると、主に「製造業」が使うサービスなのか、「それ以外の業界」が使うサービスなのかによって価格を変えたり、利用用途の差異となるトリガー（機能や利用頻度・量など）に差をつけ、「一物多価」で販売するなどの戦略を考えることができます。

　実は第2章にて紹介した、ネットフリックスのグラフの「主にスマートフォンで利用している人」と、「主にテレビで利用している人」の支払い意欲の差異や、ラーメンの出店エリアによる支払い意欲の差異などもこの箱ひげ図を活用することで明らかにすることができます。

散布図

　定性的な要素の比較には箱ひげ図が有効ですが、定量的な要素の比較なら散布図を活用するのがいいでしょう。散布図とは、図8-7のように横軸と縦軸にそれぞれ別の量をとり、データが当てはまるところにプロット（打点）して示すグラフです。2つの量に関係があるかどうかを見るのに非常に便利なグラフです。散布図から分かることは、あるデータに関して、縦軸と横軸のそれぞれの要素に相関関係があるのかどうかです。相関関係と

図8-7 **散布図とは**

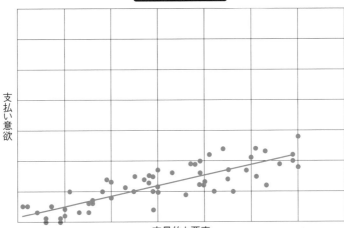

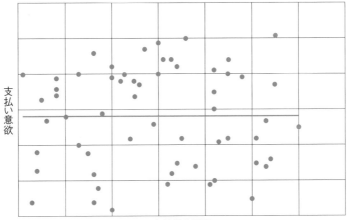

図8-8　**散布図（ビジネスマッチングアプリでの各指標と支払い意欲の関係）**

は、それぞれの要素の変動がどう関係しているかを示すもので、片方の要素がどのようにもう片方の要素に影響を与えているかを示す因果関係とは異なることに注意が必要です。相関関係があったとしても因果関係があるとは限らないということです。

　プライシングの分析では、散布図を活用することで、次のようなことが分かります。図8-8はビジネスマッチングアプリを例に、3つの散布図を比較しています。3つの図それぞれで、縦軸に、支払い意欲の高低をとっています。上に行けば行くほど支払い意欲が高いということです。横軸には、左の図はオファー候補としてプロフィールを閲覧した人数、中央の図はマッチングした人数、右はオファーの送信数をとっています。この3つの図を比較すると、マッチングした人数が多ければ多いほど顧客の支払い意欲は高いが、閲覧した人数が多くても支払い意欲は上がらないということが分かります。

　このように散布図は、ある変数と、支払い意欲は相関するのかを検証するのに有効な手法です。補足ですが、従量課金を採用する際、従量課金の対象としたい項目と、支払い意欲の相関関係が強ければ成立しやすくなります。上記の例だと、マッチング数が増えるごとに課金額が増える従量課金だと顧客に受け入れられやすいということです。

Split Testing Pricingの概要と実施方法

　Split Testing Pricing（スプリット テスティング プライシング）は簡単にいうとA/Bテストです。まずSplit Testing Pricingを紹介する前に、その考え方のもとになっているSplit Test（スプリットテスト）について簡単に紹介します。

　スプリットテストとは、商品に関する様々な変更内容に対し、顧客セグメントがどのような反応を示すのかを確認することで、顧客体験を効果的に最適化する方法を把握するための手法です。スプリットテストは、プライシングの領域よりも、ホームページの設計などのために使われることが多いです。

スプリットテストの方法一覧

1. A/Bテスト

　顧客が体験する1つのセクション（ボタンの色やテキストの大きさ）に対して複数の選択肢を検討し、比較実験します。例えば、会社のウェブサイトのトップページに表示するボタンの色を変化させることによって、有料会員への登録ページへのアクセスを増やそうとする場合、顧客がトップページにアクセスするたびにその都度表示されるボタンの色を様々に変化させ、登録ページへのアクセスがボタンの色によってどのように変化するのかを調べます。

2. 多変量テスト

　A/Bテストでは、1つのセクションを変化させることによってパフォ

ーマンスが改善されるか調査しますが、多変量テストでは複数のセクション（ボタンの色に加え、ボタンの大きさなど）をランダムに変化させ、パフォーマンスの変化を調査します。

3. フレキシブルLPテスト

　上の2つの方法ではどのような顧客に対してもランダムにセクションを変化させていましたが、本テストではどのような顧客がアクセスしてきたかも考慮して実験を行います。

　このスプリットテストをプライシングの領域で応用したのが、Split Testing Pricing（スプリット・テスティング・プライシング）です。ただし、上述しましたが、これはスプリットテストの主要な活用方法ではありません。Split Testing Pricingでは、顧客に提示する価格を変化させることによって、価格の変化によって顧客の購入数と収益がどのように変化するのか検討します。そのため、料金表を公開している企業に限定されたアプローチとなります。

　Split Testing Pricingでは、価格を変化させることによって購入数や収益がどのように変化するのかを調査しますが、ほとんどの価格はデータベースまたは価格表に格納されているため、アイテムの価格を変更するテストには、単にフロントエンドの設計要素のみを含むテストよりもはるかに深い技術的統合が必要になります。また、ページ上で誤って安い価格を表示し、その後高い価格を提示すると法律違反になる可能性があります。また、顧客によってランダムに請求する値段を変化させると、顧客との間のトラブルに発展し得るリスクがあるので注意が必要です。

Split Testing Pricingの方法一覧

1. Lastminute Discount

Lastminute Discount（ラストミニッツ ディスカウント）は、実際の価格よりも高い範囲でデータベースまたは価格表に格納されている価格をランダムに表示し、購入を確認する直前に値引きを実施し、すべての顧客に実際の価格で販売する方法です。これによって、バックエンドの価格表との統合へ対処することができ、また、顧客との信頼関係を失うことなどを恐れることなく調査を実施することができます。この調査方法は、端数価格など微小な価格の変化が販売数に与える影響を調査するのに最適です。なぜなら、顧客は購入後に払った金額が購入前に見た値段よりも安くなっていたとしても多くの場合気づかないため、顧客に気づかれずに調査を行えるからです。

2. Anchoring in Action

Anchoring in Action（アンカリング・イン・アクション）は、異なる価格で製品を提供するのではなく、複数の価格で複数の製品を提示し、それぞれの価格設定が他のプランの価格に対してどのような相対的な意味を持つかを調査します。これによって、複数価格設定の効果（複数の製品の中で最も高い製品と安い製品は購入されないなど）を実証し、最適な価格設定の組み合わせ（例えば、最も購入させたい商品の価格を2番目に高く設定する）を構築するヒントを得ることができます。この調査では、販売したい製品より高い製品を販売することで、販売したい製品の価格を安く見せたり、それより安い製品を値上げして販売したい商品との価格差を縮めることで、販売したい製品のお得感を演出するなどの効果があるのかを検討できます。

余談ですが、このAnchoring（アンカリング）という言葉はプライシングを勉強するとよく耳にする単語ではないでしょうか。アンカリングとは、認知バイアスの一種であり、先行する何らかの数値（アンカー）によって後の数値の判断がゆがめられ、判断された数値がアンカーに近づく傾向のことを指します。

アンカーという言葉の語源は、船の錨（アンカー）とされています。最初に錨（アンカー）を海底に下ろすと、鎖の伸びる長さには制限があるため、船を動かせる範囲に影響するということから名付けられました。

このアンカリングが、価格においても働きます。それを「価格のアンカー効果」といいます。これは、顧客が商品を選ぶ際に、商品の知識や価格帯に関する情報が不足していると、最初に目にした価格（アンカー）が判断に影響するという心理効果です。例えば、飲食店でワインを頼む時、どの価格帯のワインを頼むでしょうか。無意識に真ん中の価格帯の物を注文した経験がないでしょうか。これは価格のアンカー効果が働いているのです。

価格のアンカー効果を応用すると、松竹梅効果（松竹梅の3種類の商品があると、竹が売れやすい傾向にある）や、誰も買わないのに収益に貢献する商品を置く（店に高価格の商品があると、顧客にアンカリングが働き、他の商品がお得に感じ、購買が促進されるなど）など、様々な戦術を考えることが可能になります。このような価格のアンカー効果を検証するのが、Anchoring in Action（アンカリング・イン・アクション）になります。

3. 価格表示を変える

例えば年額ではなく、月額表示にした方が、登録者数が増加する効果が知られていますが、このように単純な価格表示の変化によって、販売数や利益がどのように変化するかを判断することができます。この調査をする

際には、地域性を考慮するのがポイントです。例えば、家電でも月払いで購入することが一般的であったり、法律によって販売量が変化したりする可能性があります。

4. 時間によって価格を変化させる

　通常、スプリットテストでは同時に異なる顧客に対して異なる価格を提示しますが、時間によってすべての顧客に対して提示する価格を変化させ、どのように販売数や利益が変化するかを調査する方法もあります。この方法では、価格の表示を伴う広報活動への影響を抑えることができます。しかし、販売数を変化させる時間ベースの要因（夜の時間帯はニーズが高まるなど）の影響を排除する必要があります。

5. 従量課金制の判断について

　従量課金制において、量が多いプランは、顧客が商品の価格の高さゆえに購入をためらうため、コンバージョン率が比較的低い傾向にあります。しかし、スプリットテストを実施した結果、量が多いプランと少ないプランでコンバージョン率に差が出ない場合、顧客は商品が魅力的だと考えているがゆえに、価格はあまり考慮せずに量の方に注目している可能性があります。よって、購入量を全く減らさないか、もしくは少ししか減らさないで、量の多いプランの価格を引き上げることができます。

　最後に注意点ですが、Split Testing Pricing を実施する際は、ページビュー数ではなくユニークユーザー数を計測する必要があります。コンバージョン率を計算する際はページビュー数ではなく、ユニークユーザー数を使用した方が有益であるため、計測の段階でもユニークユーザー数を計測しておく必要があります。

Split Testing Pricingのメリット・デメリット

　Split Testing Pricingのメリットは、他の調査と違い、実際の顧客（見込み顧客も含む）の実際の行動というエビデンスが得られる点です（もちろんSplit Testing Pricingを正しく実施できた場合に限ります）。どれだけ精度の高い調査でも、実際の行動より納得感があり、確信の持てるエビデンスはないでしょう。

　一方、デメリットもそれなりにあるため注意が必要です。Split Testing Pricingのデメリットはざっくりと4つあります。

　まず、1つ目は膨大なサンプル数が必要という点です。ですから、ビジネスシーンにおいては、統計的に優位な結果を得るのがほとんど不可能になる可能性があります。またそのため、新興企業や自社サイト（プライシング施策の場合、料金ページ）への膨大な顧客流入を持たない企業はスプリットテストから優位な結果が得られません。なので、自社サイトへの膨大な顧客流入が期待できない場合は、広告施策と組み合わせ流入数を大幅に増加させた上で実施するなどの工夫が必要となります。

　2つ目は調査中は変数の変更ができない点です。価格変動以外の要因も調査に影響するため、調査中は価格設定ページに変更を加えることができません。

　3つ目は、相対的な評価しかできない点です。A/Bテストでは、あるAという価格より、Bというの価格の方が好ましいことは分かりますが、最適な価格設定がどこにあるのかはまた別の論点です。そのため、ある程度価格が絞られており、最終的にどの価格に着地させるかの検証に適した手法といえます。

　4つ目は、同じ商品を異なる価格で販売すると、倫理的な問題に問われる可能性があり、最悪の場合、法律違反になる可能性がある点です。実施

する場合は、専門家や顧問弁護士などに相談するのがいいでしょう。

COLUMN

スプリットテストの顧客反応と対策

2019年3月頃にネットフリックスは英国のユーザー向けサブスクリプション価格に対してSplit Testing Pricingを行いました。具体的には、通常の価格よりも最大3ドル高い価格が表示されたといいます。これは、複数のツイッターユーザーによって報告されています。

ネットフリックスによると異なる価格が表示された場合でも高い価格を支払わせていないとしており、前述のLastminute Discount（ラストミニッツ ディスカウント）が行われた可能性が高いでしょう。ネットフリックスは「利用者がネットフリックスをどのように評価しているか理解するために、若干異なる価格をテストしています」「すべてのユーザーがこのテストを受けるわけではなく、今後テストされた価格で実際のサービスを販売しないかもしれません」「我々の目標は、ネットフリックスがお金を支払う価値を持ち続けることを保証することです」（以上拙訳）[※23]と証言しています。

このようにスプリットテストを行うと、必ずといっても過言ではないほどに顧客は気づき、敏感に反応します。特に価格という顧客が直接得をしたり（同じ商品・サービスを安く買うことができる）、損をしたり（同じ商品・サービスを高く買わされてしまう）する領域では、なおさらです。そのため、一歩でも間違えると炎上するリスクを大いにはらんでいます。

Split Testing Pricingを実施する際は、ネットフリックスのように、異なる価格が表示された場合でも高い価格を支払わせない座組み

（Lastminute Discount）を整えてからにするなど、炎上しないケアを十分に行うことが求められるでしょう。

　第3章のダイナミックプライシングのコラムでも同様の話をしましたが、同じ商品・サービスに対し、得をする顧客と、損をする顧客が存在する座組みでは失敗に終わる場合がほとんどです。これも、価格は価値に基づくということを証明していると言えるでしょう。

EVC Analysisの概要と実施方法[※24]

　EVCとは、Economic Value to the Customerの略称で、競合商品にはない要素を持つ商品に対し、その要素の価値を勘案した上で、販売する商品の価格を決めるための指標を指します。価格付けの際には、EVCから数%割り引いた値を販売価格とします。そのため、競合商品にはない要素を持つ商品に対し、有効な値付けの手法となります。EVCを求める方法は2パターンあります。

EVCを求める方法①

　方法①では、価格付けの際に参考にする競合商品（以下、参照商品）の価格に、販売しようとしている商品（以下、販売商品）の参照商品に対する追加的な価値を足すことでEVCを求めていきます。プロセスは以下の4つです。

Step 1　付加価値の認識

　参照商品にはない販売商品の要素のうち、顧客が長所あるいは短所だと認識する要素を列挙していきます。参照商品を使用する場合にはかかって

いたコストを削減する要素、あるいはかかっていなかったコストがかかる
ようにする要素を列挙する方法もあります。

Step 2　付加価値の価格付け

Step 1で認識した要素について金銭的な価値を割り当て、その総和を
TAV（total additional value）とします。

　例：現在販売しようとしている自動車の燃費は参照商品よりもよく
（Step1で認識した付加価値）、その価値に割り当てる金銭的な価値は50
万円だと見込んでいる。また、販売商品には参照商品にはない事故を防止
する機能があり、その価値に割り当てる価値は30万円だと見込んでいる。
この場合、TAVは80万円になる。

Step 3　EVCの算出

参照価格とTAVの総和をとってEVCを算出します。これが顧客が払
える最大の価格になります。

　例：TAVが80万円、参照商品の価格が300万円であるとき、EVCは
380万円になる。

Step 4　販売価格の決定

TAVのある割合を割り引いて販売価格を決定します。この割引は、既
存商品から販売商品に乗り換える際に顧客が認識するリスクを勘案したも
のになります。

　例：今TAV80万円のうち30%を割引するとする。この場合、

EVC(=380万円)からTAVの30%(80万円×30%＝24万円)を差し引いた金額(=356万円)を販売価格とする。

図解すると図8-9のようになります。

図8-9 **EVCを求める方法①の図説**

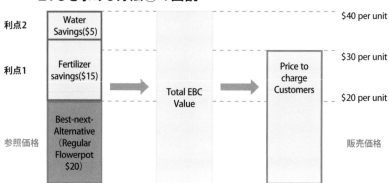

参考までに、計算式もご紹介します。方法①の繰り返しになりますので、お急ぎの方は、方法②へお進みください。

・Rn:販売商品に対して顧客が支払う最高価格
・p ：販売商品の価格
・Rr：参照商品に対して顧客が支払う最高価格
・pr：参照商品の販売価格

とする。ただし、ある賞品に対して顧客が支払う最高価格とその賞品の実際の価格には差がある。ここで、その差は同一カテゴリーの中で参照価格での差以上に縮めることができないと仮定する。

これは以下と同値：

Rn － p ≧ Rr—Pr

販売商品について解くと、

p ≦ pr ＋ (Rn-Rr)

ここでTAV:total additional valueをいかのように定義する

TAV ＝ Rn － Rr

EVCはpの最高価格として定まる：

EVC ＝参照価格＋ TAV

EVCを求める方法②

　方法①の場合、EVCは参照価格に合計追加価値を足したものと定義されますが、参照商品を利用する上でかかるトータルコストから販売商品を利用する上でかかる価格以外のコストを引き、参照商品に対する販売商品の利点を足して求める方法もあります。ただし、この方法から求められるEVCは、方法①のものと同じです。以下ではこの方法を説明します。

　方法②ではまず、商品を利用する上でかかるトータルコスト（TC）を以下のように定義します：

TC ＝ 商品の価格（p）＋ 初期コスト（c_0）＋ 購入後コスト（c_1）

　参照商品pのトータルコスト、初期コスト、購入後コストをTCpとし、販売商品の初期コスト、購入後コストをそれぞれc_0、c_1、さらに参照商品に対する販売商品のアドバンテージをαとします。すると、EVCは以下のようになります：

EVC ＝ TCp － c_0 － c_1 ＋ α

　このEVCから必要な割合をして価格を決定する。

図8-10 **EVCを求める方法②の図説**

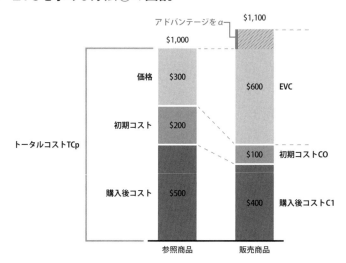

EVC Analysisのメリット・デメリット

　EVC Analysisのメリットは他の手法と違って、複雑な調査や分析が必要ないため、短い時間で、手軽に実施することができる点です。また顧客に提供している価値をベースにEVCは算定されるため、顧客にとっても事業者側にとっても、フェアな価格に着地しやすくなります。

　一方で、EVC Analysis最大のデメリットは、EVCからどれだけ割引かを考えるのが非常に難易度が高いという点です。実際、EVCはできたけど、最終的に価格を決めることはできなかったというプライシング担当者の声をよく耳にします。そもそもEVCから割り引きをする理由は、顧客が既に使っている製品から、他社の製品へと乗り換えるのをリスクに感じるため、その分を割り引いて埋め合わせをするためです。つまり、顧客が製品を信頼していればしているほど、割引は少なくて済みますし、顧客

が製品を信頼しているほど、値段を変化させても販売量は減りにくくなります（＝価格感度が低い）。この顧客の価格感度は、EVC Analysisでは求めることができないため、最終的に価格を決定するところまで落とし込めないということなのです。

　このようにEVC Analysisは手軽にそこそこ精度の高い価格設定が可能となる反面、最終決定は感覚に依存するという弱点も孕むことになります。そのため、定量的にその金額の妥当性を評価しようとする場合、PSM分析など別の手法も合わせて実施し、金額を決定することになります。

COLUMN

秀逸なスタバの価格戦略（PSM分析の活用）

　2022年、スターバックス コーヒー ジャパンはドリップコーヒーのショートサイズを319円から350円（店内価格・税込み、以下同）にするなど、4月13日から定番ドリンクのほとんどで価格を引き上げました。面白いのは単なる値上げを行っただけでなく、値上げと同時に植物性ミルクを使ったソイラテ、アーモンドミルクラテなどは「お楽しみいただける機会を提供する」として価格を引き下げた点です。中でも、スターバックスラテの値付けが非常に面白いので、ここで取り上げたいと思います。

　スターバックスラテの価格は、以前はサイズによって374～506円で、値上げで415～545円となりました。また、ソイラテなど植物性ミルクを使ったドリンクは429～561円から415～545円に値下げしました。これにより、両者は同一価格になりました（**図8-11**）。

　なぜ、このように値上げと値下げを組み合わせたのか、それを明

らかにすべく、2つの調査を行いました。1つ目の調査では、至って
シンプルなアンケートで「すべてのラテが同じ価格になったとき、消
費者は何を選ぶのか」を調査しました。もう一つの調査では、PSM
分析と、購買人数と売り上げの推計を行いました。またそれぞれの
調査は、日本全国318名のスターバックス利用者を対象に実施したも
のです。

図8-11 **スターバックスの価格変更内容**

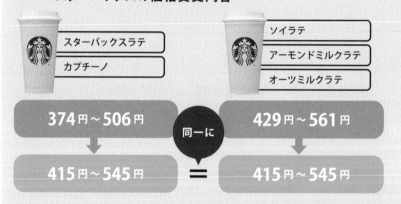

| スターバックスラテ |
| カプチーノ |

| ソイラテ |
| アーモンドミルクラテ |
| オーツミルクラテ |

374円〜**506**円　**同一に**　**429**円〜**561**円

415円〜**545**円　＝　**415**円〜**545**円

　まず1つ目の調査から分かったことは、すべてのラテが同じ価格に
なった場合「それでもスターバックスラテを選ぶ人が最も多い」と
いうことです。単に値段だけを考慮した場合、そのお得感から、も
ともと値段が高かった植物性ミルクを使ったドリンクの注文が増え
るのではないかと思いましたが、この調査でスターバックスラテに
対する顧客の支持がうかがえました。

　続けてPSM分析をベースとした購買人数・売り上げの推計からは、
改定前に418円だったスターバックスラテのトールサイズを、450円
や460円にすると、顧客数がこれまでと比べて2.7％減るものの、売
り上げは客単価の上昇により450円で4.7％、460円なら7.0％も上が

る試算になりました。また、500円まで上げてしまうと、売り上げこそ7.1％増えますが、顧客は10.4％も離反することも分かりました。仮に客数の減少を極力抑えながら、売り上げも伸ばしたいと考えたとき、ベストな価格帯が450〜460円となります。スタバは455円という絶妙なラインで価格を決めていました。

　この2つの調査から、もともとスターバックスラテを注文していた層のほとんどは、値上げを受けても、値下げをした植物性ミルクを使ったドリンクへ流出することはなく、売り上げが向上することが分かります。

　また話は少し変わりますが、植物性ミルクは牛乳に比べて生産時の環境負荷が少なく、SDGs（持続可能な開発目標）の観点で注目されています。もともとはいわゆる高付加価値商品という位置づけで高めの価格設定がされていました。しかし、英国のスターバックスでは2022年1月に植物性ミルクの追加料金を撤廃しており、日本もこの流れに乗った形になります。これはスターバックスが環境に配慮した「リソースポジティブカンパニー」を目指し、2030年までに二酸化炭素・廃棄物・水使用量を50％削減するグローバル目標を掲げていることが背景にあると思われます。[25]

　スターバックスラテを無料で植物性ミルクに変更できるようにすることで、環境配慮の姿勢を打ち出しながら、味を選ぶ楽しさも提供できる。今回の価格改定は、値上げをしたスターバックスラテで収益を担保しつつ、仮に値下げした植物性ミルクを使ったドリンクに顧客が少し流れたとしても、SDGsの観点でのグローバル目標へ貢献できるという二重の仕掛けがなされていたのではないかと考察できます。

脚注

※20　Wenyu Wan, Jianjun Jin, Rui He, Haozhou Gong and Yuhong Tian ［2018］『Farmers' Willingness to Pay for Health Risk Reductions of Pesticide Use in China: A Contingent Valuation Study』MDPI

※21　通貨の単位：中国人民元

※22　ビジネスマッチングアプリ：ビジネスパーソン同士をマッチングさせるアプリ。人脈を広げることを目的とし、異業種間の情報収集や交流会を行ったり、人材を採用したりすることが可能。

※23　Callum M.［2019］『Netflix testing price rise on new customers – here's what you need to know』MSE Newshttps://www.nme.com/news/netflix-testing-price-increases-uk-customers-2464453

※24　John L. Forbis and Nitin T. Mehta ［1981］『Value-Based Strategies for Industrial Products』Elsevier

※25　STARBUCKS STORIES JAPAN ［2021］『2020年レポート「Planet（地球環境）」』STARBUCKS STORIES JAPAN

おわりに

　私とプライシングの出合いは、私がまだ21歳の頃、偉大な企業をつくることに燃え、事業のアイデアを探していた時期にさかのぼります。当時はまだプライシングの「プ」の字も知らないようなレベルで、必死に新しい事業アイデアを試してはつぶしての繰り返しでした。

　そんな時にある投資家に出会いました。彼は出会って30分かそこらの私に「プライシングはすごく面白い。もしプライシングをテーマに起業をするのなら出資したい」と言いました。突然訪れた起業のチャンスに不意をつかれ、3日考えさせてくださいと、その日は帰宅しました。結果がどうなったかといいますと、私は現在プライシングを生業としたプライシングスタジオ株式会社を経営をしています。ただ、私が現在やっているビジネスモデルは、彼の想像していたビジネスモデルとは異なるようなのですが……（笑）。

　そんなプライシングの「プ」の字も知らない私が、プライシングという領域で偉大な企業をつくることができると確信し、この領域に人生をベットする確信が持てたのは、プライシングに大きなアップサイドと、企業へ及ぼす影響のスケール感に心がときめいたからです。図9-1は価格を2%上げたときの時価総額の変化を表にしたものです。これを見ると、トヨタ自動車が価格を2%上げることができるだけで450億9000万ドル、ソニーグループが価格を2%上げることができるだけで427億3000万ドル時価総額が上がることが分かります。これを見て、価格の数%が与えるインパクトってものすごいと、夜も眠れなくなるくらいに興奮したのがとても懐かしいです。

　とはいったものの、恐らくこれは机上の空論。その2%が極めて難しい

図9-1 **価格を2%上げたときの時価総額の変化**

企業	時価総額 （10億ドル）	PER	価格を2%上昇 時の時価総額 （10億ドル）
ベライゾン・コミュニケーション	124.1	18.7	246.37
BP	272.0	7.6	136.57
エクソンモービル	671.0	10.7	100.89
ウォルマート	241.7	14.0	94.90
ネスレ	458.8	18.0	59.99
AT&T	211.6	14.6	55.40
トヨタ自動車	131.2	13.2	45.09
バンク・オブ・アメリカ	120.9	46.4	43.24
ソニー	18.1	107.0	42.73
ゼネラル・エレクトリック	237.4	13.8	38.46
IBM	407.0	12.6	38.44
CVSケアマーク	77.9	14.1	36.88
カーディナル・ヘルス	22.0	12.8	33.26
プロクター・アンド・ギャンブル	262.7	20.1	31.05
アップル	484.0	14.1	27.25
シーメンス	95.6	14.0	26.95
サムスン電子	207.2	10.3	26.94
ボーイング	73.8	14.7	23.19
バークシャー・ハザウェイ	117.6	17.6	19.36
アリアンツ	62.6	9.2	18.60
日立製作所	22.6	13.5	17.56
フォード・モーター	48.5	9.2	17.13
ゼネラル・モーターズ	38.2	8.9	14.06
BMW	61.4	9.4	14.00
フォルクスワーゲン	102.1	3.7	13.59

のだろうと、冷静になる自分もいました。しかし驚くことに、世界各国の主要企業300社（幅広い業種で半数は売上高10億ドル以上の企業）のうち半数以上で、明確なプライシング戦略が構築・実行されていないというのです。しかもプライシング戦略を策定している企業でも、そのプライシング戦略が企業全体の目標とリンクしていなかったり、組織全体に浸透していなかったりするケースが多いようなのです。もし明確なプライシング[※26]戦略が構築・実行されているのが当たり前の状態であるならば、この2%の壁は果てしなく大きい（アップサイドがない）でしょう。しかしそうではなかったのです。第1章でも申し上げた通り、「価格」には投資がなされていません。「価格」すなわちプライシングという領域には大きなアップサイドが存在したのです。このアップサイドに、そして価格数%が企業へ及ぼすスケール感に私は心がときめいたのです。

ありがたいことに創業当初、まだ実績のない私に価格を変えさせてくれる企業の方々がいました。実際プライシングという仕事をやってみたら、驚くほど利益が変わったのです。そして、その後仲間になった3名のデータサイエンティストたちと共に、ノウハウの確立に向けて研鑽（さん）を[※27]積む日々の中、だんだんとプライシングのノウハウを確立することができました。今では、様々なバックグラウンドを持つ、当時の倍以上の数の仲間たちと、食品メーカーや、SaaS、サブスクリプションサービス、スポーツチケット、アパレル、など約30の業界・業種に対して、100サービス以上を対象とした数々のプロジェクトを手掛けています。そしてプライシングの最前線での実践経験から、プライシングのノウハウが生きた実践知へと昇華し、本書を執筆することができました。そんな私たちはプライシングのプロフェッショナル集団であり、今後さらにプライシングのプロフェッショナルを養成していく所存です。そしてプライシングスタジオ株

式会社として、これからますます、日本企業の価格決定力向上と業界の発展に尽力していきたいと思います。

　最後に、本書の出版にあたり、お世話になった方々にこの場を借りてお礼を申し上げたいと思います。

　まず本書の執筆にあたって、プライシングスタジオの多くのメンバーに協力をいただきました。特に猪良幸太郎さん、土田 拓さん、有本雅俊さん、横倉将太郎さんとは、議論を重ねる中で様々な知見をいただきました。辻 佑介さん、今村美沙希さんには最後のブラッシュアップをしていただきました。

　さらに私と共にプライシング領域における事業を立ち上げ、実際のクライアントワークからの示唆をもとにプライシングに対する知見の礎を築き上げた相関集さん、私がプライシングと出合うきっかけをくださった"ある投資家"のEast Venturesの金子剛士さん。

　そして、本書を執筆するきっかけとなった日経トップリーダーでの連載の企画や編集を担当してくださった株式会社日経BP経営メディアユニットの小平和良さん、本書籍の編集やデザインを担当していただいた日経ビジネス副編集長の竹居智久さん、同編集の藤田宏之さん、また本書の企画から編集、仕上げまで伴走いただいた株式会社akoの楠橋明生さんへもお礼を申し上げます。

脚注

※26 菅野 寛［2016］『BCG 経営コンセプト 構造改革編』東洋経済新報社
※27 データサイエンティスト：さまざまな意思決定の局面において、データにもとづいて合理的な判断を行えるように意思決定者をサポートする職務またはそれを行う人

高橋 嘉尋 たかはし・よしひろ

プライシングスタジオ 代表取締役 CEO

2019年、慶應義塾大学在学中に、価格1%が企業の営業利益約20%の改善につながるということを知り、その影響力に魅力を感じ、プライシングスタジオ株式会社を設立。プライシングスタジオは設立以来、30以上の業界、100以上のサービスの値付けを支援している。2023年Forbesによる「アジアを代表する30才未満の30人」にエンタープライズテクノロジー部門で選出される。

値決めの教科書
勘と経験に頼らないプライシングの新常識

2023年6月19日　第1版第1刷発行

著　者	高橋 嘉尋
発行者	北方 雅人
発　行	株式会社日経BP
発　売	株式会社日経BPマーケティング
	〒105-8308　東京都港区虎ノ門4-3-12
装丁・レイアウト	中川 英祐 (トリプルライン)
作　図	エステム
カバー写真	Rawpixel.com-stock.adobe.com
校　正	聚珍社
印刷・製本	図書印刷株式会社